普通话实用指导

第2版

主编　郑尔君

中国科学技术大学出版社

内容简介

本书以国家语委颁布的《普通话水平测试实施纲要(2021年版)》为依据,将普通话基础知识与计算机辅助普通话水平测试内容、大纲以及流程紧密结合。主要内容分为四章,分别为概述、普通话语音知识、朗读技巧和普通话水平测试朗读作品50篇、普通话水平测试"说话"的技巧,还附有轻声词语表、儿化词语表等,有助于学生熟悉测试流程,提高普通话水平测试应试能力。通过对这些内容的学习,学生可切实提高普通话水平、交际能力和综合素质。

本书将理论与训练结合,知识性、操作性与实用性强,适合作为高等院校师范类各专业基础课教材,也可作为参加普通话水平测试人员的参考书。

图书在版编目(CIP)数据

普通话实用指导/郑尔君主编. -- 2版. --合肥:中国科学技术大学出版社,2024. 8. -- ISBN 978-7-312-06031-1

Ⅰ. H102

中国国家版本馆CIP数据核字第2024DL7527号

普通话实用指导

PUTONGHUA SHIYONG ZHIDAO

出版 中国科学技术大学出版社
安徽省合肥市金寨路96号,230026
http://press.ustc.edu.cn
https://zgkxjsdxcbs.tmall.com

印刷 安徽省瑞隆印务有限公司

发行 中国科学技术大学出版社

开本 787 mm×1092 mm 1/16

印张 11.25

字数 253千

版次 2013年8月第1版 2024年8月第2版

印次 2024年8月第6次印刷

定价 36.00元

前　言

语言是交际的工具，语言不通必定会妨碍人们的正常交往，也必然会限制经济、科技、文化事业的发展。我国民族众多，推广普及普通话，营造良好的语言环境，对社会主义经济、政治、文化建设具有重要的意义。随着社会主义市场经济的发展，社会对普通话的客观需求日益迫切，推广普及普通话势在必行。同时，说好普通话既是个人具有较高文化素质和文明素质的综合反映，也是扩大交往、寻求自我发展的重要条件。

普通话服务于全社会，具有社会性、公众性、开放性、实用性等特点，是日常生活中使用频率最高、涉及面最广的一种语言活动。

各级各类学校是推广普及普通话的主要阵地之一，为更好地贯彻、落实《中华人民共和国国家通用语言文字法》，全面推进素质教育，配合学校普及普通话和开展普通话教学工作，帮助高等院校师范类各专业学生通过普通话水平测试，我们针对不同方言区（尤其是广东地区）编写了此书。另外，发音也是一个技巧性很强的语言行为，一个人的语言习惯与语言能力的形成主要在幼儿期到少年期这一阶段，当形成某种语言能力和语言习惯之后，再纠正这种已有的语言习惯，难度会增大。因此，普及普通话必须坚持不懈地在各级各类学校全面推进，使每一个走出校门的毕业生都能讲一口标准流利的普通话。本书是面向高等院校编写的教材，同时也是参加普通话水平测试、获得普通话水平测试等级证书的人员的指导用书。本书从易学、易掌握的角度出发，具备以下特点：

一是全面性、涵盖性。书中有普通话起源，国家对于普通话实施的方针和政策，从语音发音到声、韵、调和普通话的语流音变，还有朗读和说话技巧。普通话水平测试的应试题型和作品的朗读提示都有详实的内容，书中的词语用例全部出自《普通话水平测试实施纲要（2021年版）》，训练的短文都摘自50篇朗读作品，有利于学生学好普通话并顺利地完成普通话水平测试。

二是指导性、实用性。本书重语音应用、重语音训练、重学习过程，各章节编排按从易到难的顺序，强化实践和训练。各章节都附有大量的练习材料，采用常用的词语、成语、绕口令、诗歌和散文等简单、直接的方法进行强化训练，再分辨与对比语音、朗读等。书中选用的例字、例词和例句也大多针对容易犯的语音错误。通过循序渐进地学习语音知识、掌握发音要领，促使学生能用普通话流利地表达思想，最终能自如、流畅地说好普通话。

三是层递性、紧扣性。书中内容从普通话学习到测试，从普通话的有文字凭借到无文字凭借的学习和运用，分四章编排内容，并附有常用的和应试用的轻声词语表、儿化词语表等。各章、节的内容环环相扣，体现普通话内容的层递性和训练途径的多元化，利于学生高效地学习普通话。

四是针对性、应试性强。国家普通话水平测试采用计算机辅助普通话测试，本书针对测试，选用测试样卷、练习、说话范文，让考生进行针对性地学习，从而顺利地通过测试。

本书由长期从事普通话教学的国家级普通话水平测试员郑尔君编写，在编写过程中参考了与普通话水平测试相关的大量资料和书籍，在此表示最衷心的谢意！

限于作者水平，书中难免有疏漏之处，诚望大家不吝批评、指正！

编　者

2024 年 1 月 11 日

目　　录

第一章 概　述

知识目标

1. 了解普通话与方言的关系。

2. 了解国家语言文字法。

3. 了解国家普通话水平测试的相关情况。

能力目标

提高普通话口语表达能力，提高与人沟通的能力。

第一节　普通话概说

一、什么是普通话

早在两千多年前，人们就认识到，社会交际必须使用一种统一的共同语。先秦时期，曾有一种类似“普通话”的统一、规范的口语，称作“雅言”。史书上记载，孔子在读古书、行古礼时就使用雅言。只是这种统一的口语当时没有在社会上得到推广，以后便消亡了。

普通话是现代汉民族的共同语和标准语。普通话在明、清时期被称作“官话”，辛亥革命以后叫作“国语”，后来改称普通话。“普通”在这里具有普遍、共同的意思。1955 年 10 月，全国文字改革会议和现代汉语规范问题学术会议明确规定了普通话在语音、词汇和语法方面的规范，即“以北京语音为标准音，以北方话为基础方言，以典范的现代白话文著作为语法规范”。

普通话以北方话为基础方言，但并不完全等于北方话，因为它舍弃了一些地方色彩过浓的词语，吸收了其他方言的精华，比任何一种方言都更加丰富，更加完善。

普通话作为现代汉民族的共同语和标准语，有它形成和发展的历史。大致在唐末，虽然仍是文言占统治地位，但一种以北方话口语为基础的新书面语言——白话开始出现了。尤其是宋、元以来，随着白话文学的发展，与当时口语相接近的白话基本上是与当时的文言并存的。明、清两代，以北方话为基础方言、以北京语音为标准音的"官话"随着政治、经济和文化的发展广泛传播，成为全中国公认的标准语和共同语。辛亥革命以后的国语运动和新文化运动，彻底动摇了文言的统治地位，普通话在口语和书面语中基本上取得了一致的表现形式。1955 年，普通话被正式规定为国家通用语言，成为现代汉民族共同语。

普通话就是以北京语音为标准音，以北方话为基础方言，以典范的白话文著作为语法规范的现代汉民族共同语言。

二、方言

现代汉语除了普通话这一全民族的共同语之外，还有许多不同的方言。方言是民族语言的地方变体，是某一地区的人们使用的语言。像一切语言中的方言，汉语的这些方言也是从属于民族共同语的语言低级形式。它们同民族共同语虽然有明显的差异，但由于语音上的对应规律很整齐，基本词汇和语法构造也大体相同，因此只是汉民族共同语的地域分支（或地方变体），并不是独立的语言。根据各方言的特点，联系方言形成和发展的历史，就目前方言调查的初步结果看，现代汉语方言大体上可分为七大方言。

1. 北方方言

北方方言以北京话为代表，是现代汉民族共同语的基础方言。分布在长江以北地区，长江南岸的镇江到九江以东的沿江地带，湖北（东南除外）、四川、云南、贵州等省和湖南省的西北部以及广西北部一带。北方方言区内部又可分为北方官话、西北官话、西南官话、江淮官话四个次方言。"次方言"是指地域方言内次一级的方言。70%以上的汉族人使用北方方言。在内蒙古、新疆、青海、西藏、广西、四川、云南等自治区和省的少数民族地区居住的汉族人中，也通行北方方言。

2. 吴方言

吴方言以苏州话为代表。从现在的影响来看，上海话应作为吴方言的代表。吴方言分布在江苏长江以南镇江以东（镇江不在内）地区和浙江的大部分地区。使用人口占汉族总人口的 8.4%左右。

3. 湘方言

湘方言以长沙话为代表，分布在湖南大部分地区（西北角除外）。使用人口占汉族总人口的 5%左右。

4. 赣方言

赣方言以南昌话为代表，分布在江西（东北沿江地带和南部除外）、湖北东南一带。使用人口占汉族总人口的 2.4%左右。

5. 客家方言

客家方言以广东梅县话为代表，分布在广东东部和北部、广西东南部、福建西部，此外，湖南、四川也有一些客家方言点。客家人从中原迁徙到南方，虽然居住分散，但客家话仍自成系统，内部差别不算太大。使用人口占汉族总人口的4%左右。

6. 闽方言

闽方言主要分布在福建省，广东东部的潮州、汕头一带，海南省和台湾省的大部分地区。华侨和华裔中有很多人是说闽方言的。闽方言使用人口约占汉族总人口的4.2%。闽方言内部差别较大，有人主张可以分成五个次方言：

（1）闽东方言：以福州话为代表，分布在福建东部闽江下游。

（2）闽南方言：以厦门话为代表，分布在福建南部、台湾、广东的潮汕地区和雷州半岛、海南、浙江南部。南洋华侨有很多说闽南话。

（3）闽北方言：以建瓯话为代表，分布在闽江上游武夷山一带。

（4）闽中方言：以永安话为代表，通行于福建中部永安、三明、沙县。

（5）莆仙方言：以莆田话为代表，通行于莆田、仙游一带。

7. 粤方言

粤方言以广州话为代表，分布在广东南部，使用人口占汉族总人口的4%左右。

三、汉语规范化和推广普通话

1. 现代汉语规范化的意义

现代汉语规范化就是根据汉语的发展规律，在语音、词汇、语法等方面树立明确的、一致的标准，以便更进一步发挥汉语的社会交际作用，促使汉语朝着健康的方向发展。现代汉语规范化是社会主义建设的需要，是实现四个现代化的需要，是当今时代的需要。同时，现代汉语规范化也是语言自身发展的需要。

2. 现代汉语规范化的标准

现代汉语规范化就是要求现代汉民族共同语在语音、词汇、词法方面有一个明文规定的、明确一致的标准。1955年，现代汉语规范化学术会议明确了现代汉语普通话的标准：

（1）语音方面以北京语音为标准音。

（2）词汇方面以北方话为基础。

（3）语法方面以典范的现代白话文著作为规范。

3. 推广普通话

（1）《中华人民共和国宪法》第19条规定："国家推广全国通用的普通话。"

（2）十二字方针："大力提倡，重点推行，逐步普及。"

（3）目标：努力使普通话成为教学语言、宣传语言、工作语言、交际语言。

（4）普通话水平测试。

（5）普通话宣传周：每年9月的第三周。

四、普通话水平测试等级标准

1. 一级

(1) 甲等

朗读和自由交谈时，语音标准，词汇、语法正确无误，语调自然，表达流畅。测试总失分率在3%以内。

(2) 乙等

朗读和自由交谈时，语音标准，词汇、语法正确无误，语调自然，表达流畅。偶然有字音、字调失误。测试总失分率在8%以内。

2. 二级

(1) 甲等

朗读和自由交谈时，声韵调发音基本标准，语调自然，表达流畅。少数难点音(平翘舌音、前后鼻尾音等)有时出现失误。词汇、语法极少有误。测试总失分率在13%以内。

(2) 乙等

朗读和自由交谈时，个别调值不准，声韵母发音有不到位现象。难点音较多(平翘舌音、前后鼻尾音、边鼻音、fu—hu、z—zh—j、送气不送气、i—ü不分、保留浊塞音、浊塞擦音、丢介音、复韵母单音化等)，失误较多。方言语调不明显。有使用方言词、方言语法的情况。测试总失分率在20%以内。

3. 三级

(1) 甲等

朗读和自由交谈时，声韵调发音失误较多，难点音超出常见范围，声调调值多不准。方言语调较明显。词汇、语法有失误。测试总失分率在30%以内。

(2) 乙等

朗读和自由交谈时，声韵调发音失误多，方言特征突出。方言语调明显。词汇、语法失误较多。外地人听其谈话有听不懂情况。测试总失分率在40%以内。

第二节　计算机辅助普通话水平测试知识

一、普通话水平测试大纲

根据教育部、国家语言文字工作委员会发布的《普通话水平测试管理规定》《普通话水平测试等级标准》，制定本大纲。

1. 测试的名称、性质、方式

本测试定名为“普通话水平测试”(PUTONGHUA SHUIPING CESHI,缩写为PSC)。

普通话水平测试测查应试人的普通话规范程度、熟练程度,认定其普通话水平等级,属于标准参照性考试。本大纲规定测试的内容、范围、题型及评分系统。

普通话水平测试以口试方式进行。

2. 测试内容和范围

普通话水平测试的内容包括普通话语音、词汇和语法。

普通话水平测试的范围是国家测试机构编制的《普通话水平测试用普通话词语表》《普通话水平测试用普通话与方言词语对照表》《普通话水平测试用普通话与方言常见语法差异对照表》《普通话水平测试用朗读作品》《普通话水平测试用话题》。

3. 试卷构成和评分

试卷包括5个组成部分,满分为100分。

(1) 读单音节字词(100个音节,不含轻声、儿化音节),限时3.5分钟,共10分。

① 目的:测查应试人声母、韵母、声调读音的标准程度。

② 要求:

a. 100个音节中,70%选自《普通话水平测试用普通话词语表》“表一”,30%选自“表二”。

b. 100个音节中,每个声母出现次数一般不少于3次,每个韵母出现次数一般不少于2次,4个声调出现次数大致均衡。

c. 音节的排列要避免同一测试要素连续出现。

③ 评分:

a. 语音错误,每个音节扣0.1分。

b. 语音缺陷,每个音节扣0.05分。

c. 超时1分钟以内,扣0.5分;超时1分钟以上(含1分钟),扣1分。

(2) 读多音节词语(100个音节),限时2.5分钟,共20分。

① 目的:测查应试人声母、韵母、声调和变调、轻声、儿化读音的标准程度。

② 要求:

a. 词语的70%选自《普通话水平测试用普通话词语表》“表一”,30%选自“表二”。

b. 声母、韵母、声调出现的次数与读单音节字词的要求相同。

c. 上声与上声相连的词语不少于3个,上声与非上声相连的词语不少于4个,轻声不少于3个,儿化不少于4个(应为不同的儿化韵母)。

d. 词语的排列要避免同一测试要素连续出现。

③ 评分:

a. 语音错误,每个音节扣0.2分。

b. 语音缺陷,每个音节扣 0.1 分。

c. 超时 1 分钟以内,扣 0.5 分;超时 1 分钟以上(含 1 分钟),扣 1 分。

(3) 选择判断[注],限时 3 分钟,共 10 分。

① 词语判断(10 组)

a. 目的:测查应试人掌握普通话词语的规范程度。

b. 要求:根据《普通话水平测试用普通话与方言词语对照表》,列举 10 组普通话与方言意义相对应但说法不同的词语,由应试人判断并读出普通话的词语。

c. 评分:判断错误,每组扣 0.25 分。

② 量词、名词搭配(10 组)

a. 目的:测查应试人掌握普通话量词和名词搭配的规范程度。

b. 要求:根据《普通话水平测试用普通话与方言常见语法差异对照表》,列举 10 个名词和若干量词,由应试人搭配并读出符合普通话规范的 10 组名量短语。

c. 评分:搭配错误,每组扣 0.5 分。

③ 语序或表达形式判断(5 组)

a. 目的:测查应试人掌握普通话语法的规范程度。

b. 要求:根据《普通话水平测试用普通话与方言常见语法差异对照表》,列举 5 组普通话和方言意义相对应,但语序或表达习惯不同的短语或短句,由应试人判断并读出符合普通话语法规范的表达形式。

c. 评分:判断错误,每组扣 0.5 分。

选择判断合计超时 1 分钟以内,扣 0.5 分;超时 1 分钟以上(含 1 分钟),扣 1 分。答题时语音错误,每个音节扣 0.1 分,如判断错误已经扣分,不重复扣分。

(4) 朗读短文(1 篇,400 个音节),限时 4 分钟,共 30 分。

① 目的:测查应试人使用普通话朗读书面作品的水平。在测查声母、韵母、声调读音标准程度的同时,重点测查连读音变、停连、语调以及流畅程度。

② 要求:

a. 短文从《普通话水平测试用朗读作品》中选取。

b. 评分以朗读作品的前 400 个音节(不含标点符号和括注的音节)为限。

③ 评分:

a. 每错 1 个音节,扣 0.1 分;漏读或增读 1 个音节,扣 0.1 分。

b. 声母或韵母的系统性语音缺陷,视程度扣 0.5 分、1 分。

c. 语调偏误,视程度扣 0.5 分、1 分、2 分。

d. 停连不当,视程度扣 0.5 分、1 分、2 分。

e. 朗读不流畅(包括回读),视程度扣 0.5 分、1 分、2 分。

f. 超时扣 1 分。

(5) 命题说话,限时 3 分钟,共 30 分。

① 目的：测查应试人在无文字凭借的情况下说普通话的水平，重点测查语音标准程度、词汇语法规范程度和自然流畅程度。

② 要求：

a. 说话话题从《普通话水平测试用话题》中选取，由应试人从给定的两个话题中选定1个话题，连续说一段话。

b. 应试人不可以背稿、离题，应说满3分钟的内容。

③ 评分：

a. 语音标准程度，共20分。分六档：

一档：语音标准，或极少有失误。扣0分、0.5分、1分。

二档：语音错误在10次以下，有方音但不明显。扣1.5分、2分。

三档：语音错误在10次以下，但方音比较明显；或语音错误在10～15次之间，有方音但不明显。扣3分、4分。

四档：语音错误在10～15次之间，方音比较明显。扣5分、6分。

五档：语音错误超过15次，方音明显。扣7分、8分、9分。

六档：语音错误多，方音重。扣10分、11分、12分。

b. 词汇语法规范程度，共5分。分三档：

一档：词汇、语法规范。扣0分。

二档：词汇、语法偶有不规范的情况。扣0.5分、1分。

三档：词汇、语法屡有不规范的情况。扣2分、3分。

c. 自然流畅程度，共5分。分三档：

一档：语言自然流畅。扣0分。

二档：语言基本流畅，口语化较差，有背稿子的表现。扣0.5分、1分。

三档：语言不连贯，语调生硬。扣2分、3分。

说话不足3分钟，酌情扣分：缺时1分钟以内（含1分钟），扣1分、2分、3分；缺时1分钟以上，扣4分、5分、6分；说话不满30秒（含30秒），本测试项成绩计为0分。

4. 应试人普通话水平等级的确定

国家语言文字工作部门发布的《普通话水平测试等级标准》是确定应试人普通话水平等级的依据。测试机构根据应试人的测试成绩确定其普通话水平等级，由省、自治区、直辖市以上语言文字工作部门颁发相应的普通话水平测试等级证书。

普通话水平划分为三个级别，每个级别内划分两个等次。其中：

97分及其以上，为一级甲等；

92分及其以上但不足97分，为一级乙等；

87分及其以上但不足92分，为二级甲等；

80分及其以上但不足87分，为二级乙等；

70分及其以上但不足80分，为三级甲等；

60 分及其以上但不足 70 分，为三级乙等。

[注]：各省、自治区、直辖市语言文字工作部门可以根据测试对象或本地区的实际情况，决定是否免测“选择判断”测试项。如免测此项，“命题说话”测试项的分值由 30 分调整为 40 分。评分档次不变，具体分值调整如下：

(1) 语音标准程度的分值，由 20 分调整为 25 分。

一档：扣 0 分、1 分、2 分。

二档：扣 3 分、4 分。

三档：扣 5 分、6 分。

四档：扣 7 分、8 分。

五档：扣 9 分、10 分、11 分。

六档：扣 12 分、13 分、14 分。

(2) 词汇语法规范程度的分值，由 5 分调整为 10 分。

一档：扣 0 分。

二档：扣 1 分、2 分。

三档：扣 3 分、4 分。

(3) 自然流畅程度，仍为 5 分，各档分值不变。

二、国家普通话水平测试内容、要求、注意事项及样卷

1. 测试内容

以普通话水平测试指导用书等材料为主。试卷包括四个组成部分：读单音节字词、读多音节词语、朗读短文、命题说话。

2. 测试时注意事项

(1) 读单音节字词(100 个音节，共 10 分。目的：测查应试人声母、韵母、声调读音的准确程度)。

① 多音字只需要读出一种读音，一定不要读出该字的所有读音。

② 不允许读出轻声和儿化音。

③ 不要省略某个字的读音，否则以错误判定。

④ 本题限时 3.5 分钟，超时扣分。超时 1 分钟以内扣 0.5 分，超时 1 分钟以上(含 1 分钟)扣 1 分。

(2) 读多音节词语 (100 个音节，共 20 分。目的：测查应试人掌握普通话词语的规范程度)。

① 不要省略某个词的读音，否则以错误判定。

② 注意轻声、儿化和变调的读音。

③ 注意读词语时的轻重音格式。

④ 本题限时 2.5 分钟，超时扣分。超时 1 分钟以内扣 0.5 分，超时 1 分钟以上（含 1 分钟）扣 1 分。

（3）朗读短文（400 个音节，共 30 分。目的：测查应试人使用普通话朗读书面作品的水平）。

① 朗读注意准确，尽量避免错字、漏字、增字、换字现象出现。

② 注意连读音变、停顿、语调以及流畅程度。

③ 朗读注意流畅，尽量避免回读和不连贯的现象发生。

④ 读到文中“//”处即可停止，此处为 400 个音节的位置，评分一律在 400 个音节以内进行。

⑤ 本项测试限时 4 分钟，只要超时，不论长短，一律扣 1 分。

（4）命题说话（限时 3 分钟，共 40 分。目的：测查应试人在无文字凭借的情况下说普通话的水平）。

① 从所给出的两个题目中任选一个说话题目。不允许自行选择其他说话题目，也不允许中途换题。

② 说话必须说够三分钟。说话不足三分钟，酌情扣分：缺时 1 分钟以内（含一分钟）扣 1 分、2 分或 3 分（一般每缺 20 秒扣 1 分）；缺时 1 分钟以上扣 4 分、5 分和 6 分；说话不满 30 秒（含 30 秒）本测试项成绩计为 0 分。说话满 3 分钟，应试人自行停止，但应把最后一句话表达完整。

3. 测试要求

所有四项测试内容一律按照横向从左至右的顺序来读；不许说试题以外的内容。具体如下：

（1）登录阶段

① 请止确佩戴好耳麦，麦克风应在左侧，调整麦克风至距嘴巴 2～3 厘米的位置，避免麦克风与面部接触，测试时手不要触摸麦克风。

② 请正确输入您的准考证号，准考证号的前几位系统已经自动给出，您只需要输入最后四位即可，信息确认无误后，点击“确认”按钮进入。

（2）试音阶段

请在试音提示结束后开始试音，以适中音量朗读试音界面上的文字。

（3）考试阶段

① 测试共有四题，请横向朗读测试内容，注意不要错行、漏行（注：蓝字和黑字均须朗读），测试过程中，不要说与测试内容无关的话。

② 每一题开始前都有一段提示音，请在提示音结束并听到“嘟”的一声后，再开始朗读。读完一题后，请马上点击界面右下方的“下一题”按钮，进入下一题的测试。

③ 第四题说话部分满三分钟后，系统会自动提交试卷，结束测试。

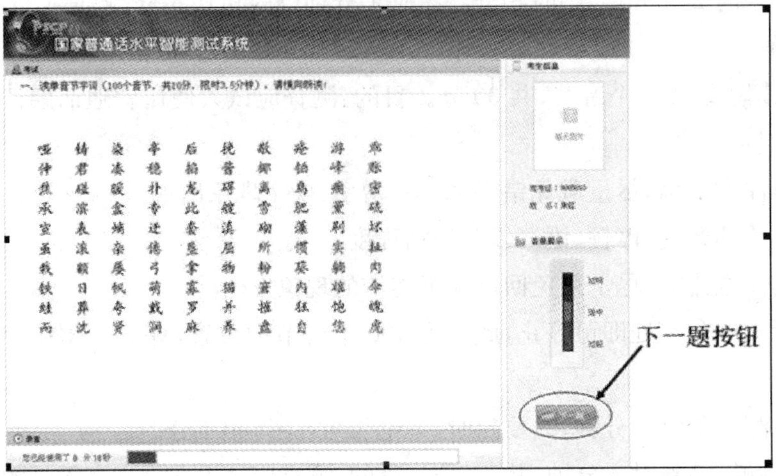

4. 国家普通话水平测试样卷

(1) 读单音节字词(100 个音节,共 10 分,限时 3.5 分钟)。

寡	聚	我	硝	偿	伞	曰	掉	远	崩
巧	抓	你	膜	谨	弱	筛	痛	码	磁
陇	匀	话	萍	肺	粗	问	丙	嫩	彩
昂	荐	铀	够	堂	洽	粉	二	趋	逛
宅	跌	船	状	脾	痒	崔	实	封	雄
堪	仍	汰	门	澈	口	绊	持	钾	偏
寻	寝	痘	婚	酿	枢	滕	黑	瀑	捐
锄	筐	回	恩	雪	字	协	坏	巢	惹
谜	柳	翁	汞	醉	找	赞	绫	算	蹲
面	他	咧	播	洒	鞭	甩	搭	力	穷

(2) 读多音节词语(100 个音节,共 20 分,限时 2.5 分钟)。

虐待	积压	冷水	跳高儿	点滴	妇女
愉快	别扭	全体	未曾	红色	侦察
鬼子	沉重	惯用	天下	从头	好玩儿
合作社	夸张	人群	忽略	然后	速率
安放	谬论	发配	明白	在这儿	临床
千瓦	报纸	佛寺	细菌	导演	灭亡
没准儿	交情	概括	切磋	外形	因而
过程	频繁	窘迫	向日葵	奖赏	宣布
东欧					

(3) 朗读短文(400 个音节,共 30 分,限时 4 分钟)。

人们常常把人与自然对立起来,宣称要征服自然。殊不知在大自然面前,人类永远只是一个天真幼稚的孩童，只是大自然机体上普通的一部分，正像一株小草只是她的普通一部分一样。如果说自然的智慧是大海，那么，人类的智慧就只是大海中的一个小水滴，虽然这个水滴也映照着大海，但毕竟不是大海。可是，人们竟然不自量力地宣称要用这滴水来代替大海。

看着人类这种狂妄的表现，大自然一定会窃笑——就像母亲面对无知的孩子那样地笑。人类的作品飞上了太空，打开了一个个微观世界，于是人类沾沾自喜，以为揭开了大自然的秘密。可是，在自然看来，人类上下翻飞的这片巨大空间，不过是咫尺之间而已，就如同鲲鹏看待斥鴳一般，只是蓬蒿之间罢了。即使从人类自身智慧发展史的角度看，人类也没有理由过分自傲：人类的知识与其祖先相比诚然有了极大的进步，似乎有嘲笑古人的资本；可是，殊不知对于后人而言我们也是古人，一万年以后的人们也同样会嘲笑今天的我们，也许在他们看来，我们的科学观念还幼稚得很，我们的航天器在他们眼中不过是个非常简单的//儿童玩具。

节选自严春友《敬畏自然》

(4) 命题说话(请在下列话题中任选一个，共 40 分，限时 3 分钟)：

① 对幸福的理解。

② 如何保持良好的心态。

第二章　普通话语音知识

知 识 目 标

1. 了解普通话语音特征。
2. 了解普通话声韵调发音原理。
3. 了解普通话的语流音变知识。
4. 掌握普通话水平测试中单音节、多音节考试技巧。

能 力 目 标

提高口语表达能力，提高与人沟通的能力。

第一节　语 音 概 说

一、语音的性质

语音是声音和意义的结合体，语言的声音叫语音。普通话是以北京语音为标准音，以北方话为基础方言，以典范的白话文著作为语法规范的现代汉民族共同语言。

语音的性质包括物理性质、生理性质和社会性质。

1. 物理性质

一切声音都是由于物体的振动产生的。语音是由于声带振动引起的。构成声音的四要素：音高、音长、音强、音色。

(1) 音高。指声音的高低。音高的大小取决于发音体振动的频率，而发音体振动的频率又取决于发音体本身的物理性质，如长短、大小、松紧、厚薄、粗细等，总的来说，长、大、松、厚、稀、粗的东西振动频率低，音高就低；短、小、紧、薄、细的东西振动频率高，音高就高。

语音的发音体是声带。一般来说男人的声带比女人长、厚，所以男人的声音比较低沉。汉语的声调有高低升降的变化，这主要是音高的变化，同一个人之所以能发出音高不同的音，是通过调节声带的松紧实现的。

（2）音强。音强就是声音的强弱。声音的强弱取决于物体振动的幅度大小，振动幅度大的物体发出的声音强，反之声音就弱。物体振动的幅度大小则取决于外力的大小。对于语音而言，则取决于人体呼出气流的大小。气流强，语音就强；气流弱，则语音弱。“木头”的“头”读轻声，“船头”的“头”则不。那么轻声是怎样形成的呢？这是由较弱的气流引起的，这两个不同的读音实际上是由不同的音强造成的。

（3）音长。音长就是声音的长短。声音的长短取决于发音体振动的时间长短。在普通话里，读轻声的音节的音长要比非轻声的音节短，如“东西”中的“西”要比“西南”中的“西”短一些。

（4）音色。音色是声音的品质。音色取决于物体振动所产生的音波的式样。音波的式样又取决于三个方面：

① 发音体不同。同样的歌曲，分别由甲、乙两个人唱，别人也能分辨出是谁唱的，这种音色的不同是由两个人的声带不同造成的。语音中有些音素的读音因发音体的不同而能够相互区别，如 b 和 d 的不同就是因发音体的不同而造成的。

② 发音方法不同。同一把小提琴，用弓拉琴弦和用手敲琴弦的同一部位，发出的声音是不同的。普通话中 k 和 h 的音色不同，主要是因为 k 是用爆发的方法发音，而 h 是用摩擦的方法发音。

③ 发音体自身的状况。同一个人在圆唇的时候，发出的声音是 ü，在不圆唇的时候，发出的声音是 i。

2. 声音的生理属性

语音是由人的发音器官发出来的，发音器官及其活动决定语音的区别（图 2.1）。人的发音器官可以分为三部分。

（1）肺和气管。肺是动力站，肺部呼出的气流，通过支气管、气管到达喉头，作用于声带、咽腔、口腔、鼻腔等发音器官，发出不同的语音。

（2）喉头和声带。喉头由甲状软骨、环状软骨和两块勺状软骨组成，上通咽腔，下连气管。声带位于喉头的中间，是两片富有弹性的带状薄膜，是发音体。从肺部呼出的气流通过声门，使声带振动发出声音。控制声带松紧的变化就可以发出高低不同的声音。

（3）口腔、鼻腔和咽腔。它们是共鸣腔。鼻腔和口腔靠软腭和小舌隔开。软腭和小舌上升时口腔畅通，这时发出的音在口腔中共鸣，叫作口音；软腭和小舌下垂时口腔成阻，气流只能从鼻腔呼出，这时发出的音主要在鼻腔中共鸣，叫作鼻音。如果口腔无阻碍，气流同时从鼻腔和口腔呼出，发出的音在口腔和鼻腔共鸣，则叫作鼻化音（也叫半鼻音或口鼻音）。

3. 语音的社会属性

语音是社会现象，因此语音必然具备社会属性。这主要表现在两个方面：语音的民族性和地域性。

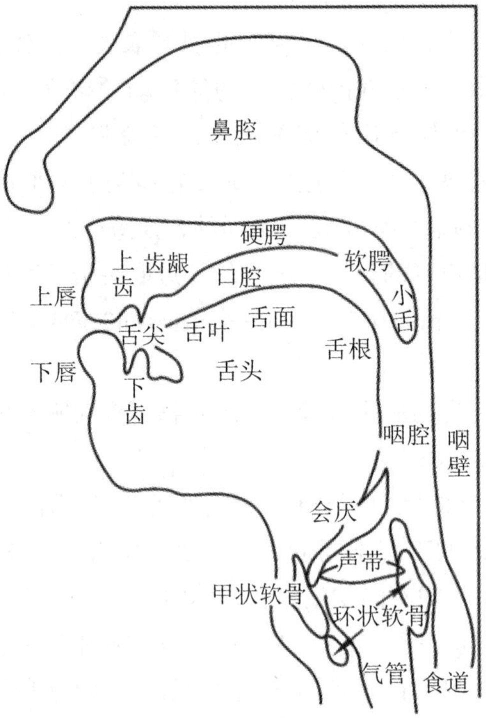

图 2.1　发音器官示意图

(1) 民族性。汉语普通话中的 p[p‘]和 b[p]的区别在于送气与否，两者构成的音节具有区别意义的作用，如 bāo(包)、pāo(抛)不能用错。在英语中，也有[p‘]、[p]，但它们并不区别意义，读音也比较随便，如 people(人民)，前一个 p 读[p‘]，后一个 p 既可以读[p]，也可以读[p‘]。

(2) 地域性。在北方话里，姓“施”(shī)和姓“斯”(sī)读音是不同的，但在南方某些方言里，只有一套 z、c、s，没有 zh、ch、sh，在这些方言里姓“施”和姓“斯”读音是相同的。

二、对语音的切分

对语音进行切分，首先切分出的最大的语音单位是音节，对音节再切分就是音素。

(1) 音节。音节是语音结构的基本单位，是人们在听觉上能自然感觉到的一个发音片段。一般来说，一个方块汉字就是一个音节。

(2) 音素。音素是最小的语音单位。如对 guāng(光)这个音节进行切分，可以得到 g、u、a、ng 四个音素。音素可以分为元音和辅音两大类。

元音是气流通过声门振动声带，在口腔中只受调节而不受阻碍所发出的响亮的音。

辅音是气流在口腔里受到阻碍，气流必须克服阻碍而发出的音。

(3) 声母、韵母、声调。声母、韵母、声调是我国传统分析汉语音节的结构单位。它不是最小的单位，因为韵母还有第二层次的结构单位：韵头、韵腹、韵尾，也叫介音、主要元音、尾音。

① 声母。声母是音节开头的辅音。例如：mǎi（买）、mài（卖）、míngmèi（明媚）开头的 m 就是声母。èr（二）、ǎi（矮）这样的音节没有辅音声母，叫作零声母音节。

② 韵母。韵母是音节中声母后面的部分。它主要是由元音构成的（鼻韵母有鼻辅音 n 或 ng 作韵尾）。比如：fādá（发达）的 a，jīqì（机器）的 i，diànxiàn（电线）的 ian 就是韵母。韵母是每个音节不能缺少的成分。没有韵母就不能构成音节。韵母里面分韵头、韵腹、韵尾。比如：ian 中 i 是韵头，a 是韵腹，n 是韵尾。只有一个元音的韵母，这个元音就是韵腹，如：i、a。作韵头的元音只有 i、u、ü，如：ia、ua、üe。作韵尾的只有元音 i、o(u) 和辅音 n、ng，如：ai、ao、an、ang。

③ 声调。声调是音节的高低升降形式，它是由音高决定的。比如：huī（辉）、huí（回）、huǐ（毁）、huì（惠）四个音节的声母都是 h，韵母都是 ui，但是它们的声调不同，于是就成了不同的音节，代表不同的意义。因此声调是构成音节非常重要的成分。

普通话以北京语音为标准音，普通话音系就是北京音系。

三、汉语拼音方案

研究和学习语音一定要记录语音的符号，通过学习这种符号才能掌握一种语言的语音系统。

1. 《汉语拼音方案》

《汉语拼音方案》由中国文字改革委员会制定，并在 1958 年 2 月由全国人民代表大会正式通过。它不仅是学习普通话的正音工具，也是使用电脑输入信息的符号之一。

2. 国际音标

《汉语拼音方案》只能用来记录普通话语音系统，它不能用来描写汉语方言及少数民族语言的语音，所以还有必要了解一下国际音标。国际音标是由国际语音学会于 1888 年拟定的一套记音符号，它表音细致，音标数很多，是研究各种语音的记音工具。使用国际音标记音要用“[ ]”表示。

3. 《汉语拼音方案》内容

(1) 字母表，如表 2.1 所示。

表 2.1 字母表

字母	Aa	Bb	Cc	Dd	Ee	Ff	Gg	Hh	Ii	Jj	Kk	Ll	Mm
名称	ㄚ	ㄅㄝ	ㄘㄝ	ㄉㄝ	ㄜ	ㄝㄈ	ㄍㄝ	ㄏㄚ	ㄧ	ㄐㄧㄝ	ㄎㄝ	ㄝㄌ	ㄝㄇ
字母	Nn	Oo	Pp	Qq	Rr	Ss	Tt	Uu	Vv	Ww	Xx	Yy	Zz
名称	ㄋㄝ	ㄛ	ㄆㄝ	ㄑㄧㄡ	ㄚㄦ	ㄝㄙ	ㄊㄝ	ㄨ	ㄪㄝ	ㄨㄚ	ㄒㄧ	ㄧㄚ	ㄗㄝ

(2) 声母表，如表 2.2 所示。

表 2.2　声母表

b ㄅ玻	p ㄆ坡	m ㄇ摸	f ㄈ佛	d ㄉ得	t ㄊ特	n ㄋ讷	l ㄌ勒
g ㄍ哥	k ㄎ科	h ㄏ喝	j ㄐ基	q ㄑ欺	x ㄒ希		
zh ㄓ知	ch ㄔ蚩	sh ㄕ诗	r ㄖ日	z ㄗ资	c ㄘ雌	s ㄙ思	

(3) 韵母表,如表 2.3 所示。

表 2.3　韵母表

	i ㄧ　衣	u ㄨ　乌	ü ㄩ　迂
a ㄚ　啊	ia ㄧㄚ　呀	ua ㄨㄚ　蛙	
o ㄛ　喔		uo ㄨㄛ　窝	
e ㄜ　鹅	ie ㄧㄝ　耶		üe ㄩㄝ　约
ai ㄞ　哀		uai ㄨㄞ　歪	
ei ㄟ　诶		uei ㄨㄟ　威	
ao ㄠ　熬	iao ㄧㄠ　腰		
ou ㄡ　欧	iou ㄡ　忧		
an ㄢ　安	ian ㄧㄢ　烟	uan ㄨㄢ　弯	üan ㄩㄢ　冤
en ㄣ　恩	In ㄧㄣ　因	uen ㄨㄣ　温	ün ㄩㄣ　晕
ang ㄤ　昂	iang ㄧㄤ　央	uang ㄨㄤ　汪	
eng ㄥ　亨的韵母	ing ㄧㄥ　英	ueng ㄨㄥ　翁	
ong ㄨㄥ　轰的韵母	iong ㄩㄥ　雍		

(4) 声调符号，如表 2.4 所示。

表 2.4 声调符号表

阴平	阳平	上声	去声
―	/	V	\

声调符号标在音节的主要母音上，轻音不标。例如：

妈 mā(阴平)　　麻 má(阳平)　　马 mǎ(上声)

骂 mà(去声)　　吗 ma(轻声)

(5) 隔音符号。a,o,e 开头的音节连接在其他音节后面的时候，如果音节的界限发生混淆，则用隔音符号(’)隔开，如 pi’ao(皮袄)。

4. 汉语拼音方案的用途

(1) 给汉字注音；

(2) 推广普通话；

(3) 作为各少数民族创造和改革文字的共同基础；

(4) 音译中外的人名、地点和一些科技术语；

(5) 作为拼写中国专有名词、人名、地名的国际标准。

四、音位

普通话的音位系统，能够区分意义的音素叫作音位。例如：bù(布)和 pù(铺)、biàn(变)和 piàn(骗)、biāo(标)和 piāo(飘)就是靠 b、p 两个音素来区分的，b、p 就是音位。

人类能发出的音是多种多样的，也可以说是无限的，但某种语言或方言选择一定的声音来区别意义是有限的。在某种语言或方言里，这些能区分意义的音素既互相对立、互相区别，又互相联系、互相制约，构成某种语言或方言的语音系统，简称音系。

普通话能区别意义的音素有元音音素 10 个，辅音音素 22 个，它们构成普通话的音位系统。

1. 元音音素

(1) 舌面元音：

前元音　i 衣、ü 迂、ê 欸。

央元音　a 啊。

后元音　o 喔、e 婀、u 乌。

(2) 舌尖元音：

舌尖前　-i(zi 资、ci 疵、si 丝)。

舌尖后　-i(zhi 知、chi 吃、shi 诗、ri 日)。

(3) 卷舌元音:er 儿。

这 10 个元音在构成音节时有选择性。舌尖前元音-i 只跟 z、c、s 拼合构成音节,舌尖后元音-i 跟 zh、ch、sh、r 拼合构成音节。ê、er 能自成音节,不直接跟辅音相拼。其他元音既能跟辅音相拼,也能自成音节。

2. 辅音音素

(1) 塞音:b、p、d、t、g、k。

(2) 塞擦音:z、c、zh、ch、j、q。

(3) 擦音:f、s、sh、r、x、h。

(4) 鼻音:m、n、ng。

(5) 边音:l。

辅音音素中的 m、n、ng 三个鼻音,在某些方言里可以独立成音节。比如,有些地方称"妈妈"为 m ma。称"你"为 n,称"五"为 ng。普通话中有叹词"噷 "(hm)"哼"(hng)等纯辅音音节,这是个别现象。

第二节 声　母

一、声母的分类

传统音韵学把一个音节分析成声、韵两个部分,每个音节还有声调。一个音节开头的部分叫声,用来表示声的字母叫声母。声母一般都由辅音充当,发音时多数气流不振动声带,声音不响亮。普通话共有 21 个辅音声母,加上零声母共 22 个声母(表 2.5)。

根据发音部位和发音方法可以这样来划分声母。

1. 发音部位

发辅音时气流在口腔里要受发音器官的各种阻碍,气流必须通过阻碍才能发音。语音学把发辅音时发音器官形成阻碍的部分叫作发音部位,普通话语音的声母共有 7 种不同的发音部位:

(1) 双唇音:发音时,双唇构成阻碍,如:b、p、m;

(2) 唇齿音:发音时,下唇和上门齿构成阻碍,如 f;

(3) 舌尖前音:发音时,舌尖和上齿背构成阻碍,如:z、c、s;

(4) 舌尖中音:发音时,舌尖和上齿龈构成阻碍,如:d、t、n、l;

(5) 舌尖后音:发音时,舌尖上翘,与硬腭前端(齿龈后端)构成阻碍,如:zh、ch、sh、r;

(6) 舌面音:发音时,舌面前部与硬腭前部构成阻碍,如:j、q、x;

(7) 舌根音:发音时,舌根和软腭构成阻碍,如:g、k、h。

表 2.5　普通话声母总表

发音部位	发音方法							
	塞音		塞擦音		擦音		鼻音	边音
	清音		清音		清音	浊音	浊音	浊音
	不送气	送气	不送气	送气				
双唇音	b	p					m	
唇齿音					f			
舌尖前音			z	c	s			
舌尖中音	d	t					n	l
舌尖后音			zh	ch	sh	r		
舌面音			j	q	x			
舌根音	g	k			h		(ng)	

2. 发音方法

同一发音部位,但几个声母的音色并不相同,这是因为气流在口腔里形成阻碍的方法不一样。语音学把发辅音时发音器官形成阻碍和除去阻碍的方法叫作发音方法。

(1) 根据阻碍的方式,发音方法可以划分为:

① 塞音。发音时发音器官完全闭塞,挡住气流,然后突然打开,气流冲过阻碍,爆发成音,如:b、p、d、t、g、k。

② 擦音。发音时,发音器官靠近,中间形成窄缝,使气流从中间摩擦成音,如:f、h、x、s、sh、r。

③ 塞擦音。发音时,发音器官先完全闭塞,挡住气流,然后打开形成一条窄缝,使气流从中间摩擦成音,如:j、q、z、c、zh、ch。

④ 鼻音。发音时,口腔通路完全闭塞,软腭下垂,气流振动声带后由鼻腔流出,如:m、n。

⑤ 边音。发音时,舌尖抵住上齿龈,形成阻碍,然后舌尖两边松弛下垂,气流振动后从两边空隙流出,发出声音,如:l。

(2) 根据气流的强弱不同,发音方法可以划分为送气音和不送气音:

① 在发塞音和塞擦音时呼出的气流有强有弱,呼出的气流强的音叫作送气音,如:p、t、k、q、ch、c;

② 呼出的气流比较弱的音叫作不送气音,如:b、d、g、j、zh、z。

(3) 根据声带是否颤动,发音方法可以划分为清音和浊音。

多数辅音声母发音时气流不颤动,称为清音,少数辅音声母发音时气流要颤动声带,称为浊音。21 个声母中只有 m、n、l、r 是浊音,其他 17 个都是清音,另外不作声母的辅音 ng 也是浊音。

二、声母的发音特点

1. b　双唇、不送气、清、塞音

b 发音时，双唇闭合，同时软腭上升，关闭鼻腔通路；气流到达双唇后蓄气；凭借积蓄在口腔中的气流突然打开双唇成声。

发音例词：

颁布 bānbù　　板报 bǎnbào　　褒贬 bāobiǎn

步兵 bùbīng　　标本 biāoběn　　辨别 biànbié

2. p　双唇、送气、清、塞音

p 发音时，成阻和持阻阶段与 b 相同。除阻时，声门（声带开合处）大开，从肺部呼出一股较强气流成声。

发音例词：

批评 pīpíng　　偏旁 piānpáng　　乒乓 pīngpāng

匹配 pǐpèi　　瓢泼 piáopō　　偏僻 piānpì

3. m　双唇、浊、鼻音

m 发音时，双唇闭合，软腭下垂，打开鼻腔通路；声带振动，气流同时到达口腔和鼻腔，在口腔的双唇后受到阻碍，气流从鼻腔透出成声。

发音例词：

麦苗 màimiáo　　眉目 méimù　　门面 ménmiàn

磨灭 mómiè　　命名 mìngmíng　　迷茫 mímáng

4. f　唇齿、清、擦音

f 发音时，下唇向上靠拢，形成间隙；软腭上升，关闭鼻腔通路；使气流从齿唇形成的间隙摩擦通过成声。

发音例词：

发奋 fāfèn　　反复 fǎnfù　　方法 fāngfǎ

仿佛 fǎngfú　　肺腑 fèifǔ　　丰富 fēngfù

5. d　舌尖中、不送气、清、塞音

d 发音时，舌尖抵住上齿龈，形成阻塞；软腭上升，关闭鼻腔通路；气流到达口腔后蓄气，突然解除阻塞成声。

发音例词：

达到 dádào　　带动 dàidòng　　单调 dāndiào

当初 dāngchū　　道德 dàodé　　等待 děngdài

6. t　舌尖中、送气、清、塞音

t 发音时，成阻、持阻阶段与 d 相同。除阻阶段声门大开，从肺部呼出一股较强的气流成声。

发音例词：

谈吐 tántǔ　　探讨 tàntǎo　　淘汰 táotài

体贴 tǐtiē　　团体 tuántǐ　　妥帖 tuǒtiē

7. n　舌尖中、浊、鼻音

n 发音时，舌尖抵住上龈，形成阻塞；软腭下垂，打开鼻腔通路；声带振动，气流同时到达口腔和鼻腔，在口腔受到阻碍，气流从鼻腔透出成声。

发音例词：

奶牛 nǎiniú　　男女 nánnǚ　　恼怒 nǎonù

能耐 néngnài　　泥泞 nínìng　　农奴 nóngnú

8. l　舌尖中、浊、边音

l 发音时，舌尖抵住上齿龈的后部，阻塞气流从口腔中路通过的通道；软腭上升，关闭鼻腔通路，声带振动；气流到达口腔后从舌头跟两颊内侧形成的空隙通过成声。

发音例词：

拉力 lālì　　利落 lìluò　　流利 liúlì

履历 lǚlì　　罗列 luóliè　　轮流 lúnliú

9. g　舌根、不送气、清、塞音

g 发音时，舌面后部隆起抵住硬腭和软腭交界处，形成阻塞；软腭上升，关闭鼻腔通路；气流在形成阻塞的部位后积蓄；突然解除阻塞成声。

发音例词：

杠杆 gànggǎn　　高贵 gāoguì　　更改 gēnggǎi

观光 guānguāng　　灌溉 guàngài　　光顾 guānggù

10. k　舌根、送气、清、塞音

k 发音时，成阻、持阻阶段与 g 相同。除阻阶段声门大开，从肺部呼出一股较强气流成声。

发音例词：

开垦 kāikěn　　苛刻 kēkè　　刻苦 kèkǔ

空旷 kōngkuàng　　宽阔 kuānkuò　　困苦 kùnkǔ

11. h　舌根、清、擦音

h 发音时，舌面后部隆起接近硬腭和软腭的交界处，形成间隙；软腭上升，关闭鼻腔通路，使气流从形成的间隙摩擦通过成声。

发音例词：

航海 hánghǎi　　呼唤 hūhuàn　　花卉 huāhuì

谎话 huǎnghuà　　挥霍 huīhuò　　悔恨 huǐhèn

12. j　舌面、不送气、清、塞擦音

j 发音时，舌尖抵住上门齿背，使前舌面贴紧前硬腭，软腭上升，关闭鼻腔通路。在阻塞的部位后积蓄气流，突然解除阻塞时，在原形成闭塞的部位之间保持适度的间隙，使气流从间隙透出成声。

发音例词：

积极 jījí	家具 jiājù	坚决 jiānjué
讲解 jiǎngjiě	捷径 jiéjìng	军舰 jūnjiàn

13. q　舌面、送气、清、塞擦音

q 发音时，成阻阶段与 j 相同。与 j 不同的是当前舌面与前硬腭分离并形成适度间隙的时候，声门开启，同时伴有一股较强的气流成声。

发音例词：

齐全 qíquán	恰巧 qiàqiǎo	亲切 qīnqiè
情趣 qíngqù	请求 qǐngqiú	缺勤 quēqín

14. x　舌面、清、擦音

x 发音时，舌尖抵住下齿背，使前舌面接近硬腭前部，形成适度的间隙，气流从空隙摩擦通过成声。

发音例词：

喜讯 xǐxùn	现象 xiànxiàng	学习 xuéxí
心胸 xīnxiōng	行星 xíngxīng	选修 xuǎnxiū

15. zh　舌尖后、不送气、清、塞擦音

zh 发音时，舌头前部上举，舌尖抵住硬腭前端，同时软腭上升，关闭鼻腔通路。在形成阻塞的部位后积蓄气流，突然解除阻塞时，在原形成闭塞的部位之间保持适度的间隙，使气流从间隙透出成声。

发音例词：

战争 zhànzhēng	真正 zhēnzhèng	政治 zhèngzhì
支柱 zhīzhù	制止 zhìzhǐ	周转 zhōuzhuǎn

16. ch　舌尖后、送气、清、塞擦音

ch 发音时，成阻阶段与 zh 相同。与 zh 不同的是在突然解除阻塞时，声门开启，同时伴有一股较强的气流成声。

发音例词：

超产 chāochǎn	抽查 chōuchá	橱窗 chúchuāng
戳穿 chuōchuān	驰骋 chíchěng	充斥 chōngchì

17. sh　舌尖后、清、擦音

sh 在发音时，舌头前部上举，接近硬腭前端，形成适度的间隙；同时软腭上升，关闭鼻腔通路，使气流从间隙摩擦通过成声。

发音例词：

赏识 shǎngshí　　少数 shǎoshù　　设施 shèshī

神圣 shénshèng　　事实 shìshí　　舒适 shūshì

18. r　舌尖后、浊、擦音

r 发音时，舌头前部上举，接近硬腭前端，形成适度间隙；同时软腭上升，关闭鼻腔通路，使气流从间隙摩擦通过成声。

发音例词：

忍让 rěnràng　　仍然 réngrán　　荣辱 róngrǔ

如若 rúruò　　柔软 róuruǎn　　闰日 rùnrì

19. z　舌尖前、不送气、清、塞擦音

z 发音时，舌尖抵住上门齿背形成阻塞，在阻塞的部位后积蓄气流；同时软腭上升，关闭鼻腔通路；突然解除阻塞时，在原形成阻塞的部位之间保持适度的间隙，使气流从间隙透出成声。

发音例词：

在座 zàizuò　　造作 zàozuò　　自尊 zìzūn

总则 zǒngzé　　祖宗 zǔzōng　　罪责 zuìzé

20. c　舌尖前、送气、清、塞擦音

c 发音时，成阻阶段与 z 相同。与 z 不同的是在突然解除阻塞时，声门开启，同时伴有一股较强的气流成声。

发音例词：

猜测 cāicè　　残存 cáncún　　仓促 cāngcù

从此 cóngcǐ　　催促 cuīcù　　措辞 cuòcí

21. s　舌尖前、清、擦音

s 发音时，舌尖接近上门齿背，形成间隙；同时软腭上升，关闭鼻腔通路，使气流从间隙摩擦通过成声。

发音例词：

洒扫 sǎsǎo　　松散 sōngsǎn　　诉讼 sùsòng

琐碎 suǒsuì　　思索 sīsuǒ　　速算 sùsuàn

三、零声母

零声母也是一种声母。实验语音学证明，零声母往往有特定的、具有某些辅音特性的起始方式。

发音例词：

恩爱 ēn'ài　　偶尔 ǒu'ěr　　额外 éwài　　洋溢 yángyì

谣言 yáoyán　医药 yīyào　万物 wànwù　忘我 wàngwǒ
威望 wēiwàng　永远 yǒngyuǎn　踊跃 yǒngyuè　孕育 yùnyù

四、声母辨正

1. 分辨 n 和 l

发音部位的区别：n 的发音方式是舌尖翘起，顶住上齿龈，同时小舌下垂，气流通过鼻腔流出。而 l 的发音方式是舌尖翘起，顶住上齿龈，同时小舌抬起，堵住通往鼻腔的通道，气流经过舌头的两边流出。n、l 不分的情况主要分布于湘方言、赣方言、闽方言的一部分地区，以及西南官话、江淮官话等地区，其表现情况也不同，有的两者可以互换，如兰州话；有的 l 变为 n，如重庆话；有的是 n 变为 l，如南京话。其情形非常复杂。各方言区的人最好先对本地方言中 n、l 的表现进行一个了解，再针对性地纠正发音。

2. 分辨 zh、ch、sh 和 z、c、s

发音部位的区别：zh、ch、sh 与 z、c、s 的区别在于发音部位的不同。zh、ch、sh 发音时舌尖翘起来，顶住硬腭的前部，然后再放开，气流慢慢摩擦而出（zh、ch）；或者舌尖翘起，靠近硬腭，气流摩擦而出（sh）。而 z、c、s 发音时舌尖顶住上齿背。一个卷舌，一个不卷舌。zh、ch、sh 与 z、c、s 不分的情况主要分布于东北方言、西北方言（太原等地）、江淮方言和西南方言的大部分地区。

3. 分辨 f 和 h

发音区别：f 与 h 的差别在于发音部位，f 是唇齿清擦音，而 h 是舌根清擦音。f 与 h 混淆的情况主要出现于西南方言、赣方言等地区，在方言中表现不一，合口字中声母读为 f 是比较突出的现象，应掌握其对应规律，逐渐改正过来。

4. 区分 f 与 sh

发音区别：在有些方言里有 f、sh 不分的情况，比如鲁西南地区。f 与 sh 都是擦音，但发音部位不同。两者相混的情形主要是 sh 声母的合口字混入 f 声母。在掌握它们发音差别的基础上，记住哪些字读 f，哪些字读 sh，予以纠正。也可以通过谐声字来记忆哪些读 f，哪些读 sh。一般来说，f 经常同 b、p 有联系，而 sh 经常同 zh、ch、d、t 有联系。

五、声母练习

1. 词语练习

（1）b　双唇、不送气、清、塞音：

颁布 bānbù　标兵 biāobīng　褒贬 bāobiǎn
步兵 bùbīng　冰雹 bīngbáo　壁报 bìbào
臂膀 bìbǎng　奔波 bēnbō　标本 biāoběn

(2) p 双唇、送气、清、塞音：

批评 pīpíng　偏旁 piānpáng　匹配 pǐpèi
瓢泼 piáopō　澎湃 péngpài　偏僻 piānpì
拼盘 pīnpán　铺平 pūpíng　品评 pǐnpíng

(3) m 双唇、浊、鼻音：

美妙 měimiào　迷茫 mímáng　麦苗 màimiáo
眉目 méimù　门面 ménmiàn　命名 mìngmíng
弥漫 mímàn　明媚 míngmèi

(4) f 唇齿、清、擦音：

丰富 fēngfù　发奋 fāfèn　仿佛 fǎngfú
肺腑 fèifǔ　反复 fǎnfù　芬芳 fēnfāng
伏法 fúfǎ　发放 fāfàng　非凡 fēifán
吩咐 fēnfù

(5) z 舌尖前、不送气、清、塞擦音：

粽子 zòngzi　在座 zàizuò　自尊 zìzūn
罪责 zuìzé　栽赃 zāizāng　总则 zǒngzé
宗族 zōngzú　走卒 zǒuzú　藏族 zàngzú

(6) c 舌尖前、送气、清、塞擦音：

猜测 cāicè　措辞 cuòcí　从此 cóngcǐ
催促 cuīcù　参差 cēncī　苍翠 cāngcuì
残存 cáncún　仓促 cāngcù　层次 céngcì

(7) s 舌尖前、清、擦音：

琐碎 suǒsuì　洒扫 sǎsǎo　色素 sèsù
思索 sīsuǒ　松散 sōngsǎn　诉讼 sùsòng
速算 sùsuàn　森森 sēnsēn　僧俗 sēngsú

(8) d 舌尖中、不送气、清、塞音：

电灯 diàndēng　达到 dádào　单调 dāndiào
等待 děngdài　道德 dàodé　当代 dāngdài
带动 dàidòng　动荡 dòngdàng　答对 dáduì

(9) t 舌尖中、送气、清、塞音：

团体 tuántǐ　妥帖 tuǒtiē　谈吐 tántǔ
探讨 tàntǎo　淘汰 táotài　体贴 tǐtiē
疼痛 téngtòng　坦途 tǎntú　抬头 táitóu

(10) n 舌尖中、浊、鼻音：

奶牛 nǎiniú　男女 nánnǚ　恼怒 nǎonù
农奴 nóngnú　能耐 néngnài　泥泞 nínìng

南宁 nánníng　呢喃 nínán　袅娜 niǎonuó

(11) l　舌尖中、浊、边音：

浏览 liúlǎn　拉力 lālì　轮流 lúnliú

林立 línlì　罗列 luóliè　玲珑 línglóng

理论 lǐlùn　零乱 língluàn　磊落 lěiluò

劳力 láolì

(12) zh　舌尖后、不送气、清、塞擦音：

正直 zhèngzhí　周转 zhōuzhuǎn　制止 zhìzhǐ

战争 zhànzhēng　真正 zhēnzhèng　争执 zhēngzhí

辗转 zhǎnzhuǎn　政治 zhèngzhì　转折 zhuǎnzhé

支柱 zhīzhù

(13) ch　舌尖后、送气、清、塞擦音：

长城 chángchéng　抽查 chōuchá　驰骋 chíchěng

橱窗 chúchuāng　惩处 chéngchǔ　充斥 chōngchì

超产 chāochǎn　戳穿 chuōchuān　春潮 chūncháo

(14) sh　舌尖后、清、擦音：

手术 shǒushù　神圣 shénshèng　舒适 shūshì

赏识 shǎngshí　少数 shǎoshù　事实 shìshí

闪烁 shǎnshuò　山水 shānshuǐ　设施 shèshī

伤神 shāngshén

(15) r　舌尖后、浊、擦音：

柔软 róuruǎn　忍让 rěnràng　闰日 rùnrì

荣辱 róngrǔ　软弱 ruǎnruò　仍然 réngrán

仁人 rénrén　容忍 róngrěn　如若 rúruò

(16) j　舌面、不送气、清、塞擦音：

结局 jiéjú　家具 jiājù　坚决 jiānjué

讲解 jiǎngjiě　捷径 jiéjìng　军舰 jūnjiàn

积极 jījí　经济 jīngjì　交际 jiāojì

(17) q　舌面、送气、清、塞擦音：

确切 quèqiè　恰巧 qiàqiǎo　亲切 qīnqiè

情趣 qíngqù　缺勤 quēqín　齐全 qíquán

氢气 qīngqì　崎岖 qíqū　秋千 qiūqiān

(18) x　舌面、清、擦音：

雄心 xióngxīn　喜讯 xǐxùn　现象 xiànxiàng

选修 xuǎnxiū　行星 xíngxīng　心胸 xīnxiōng

下旬 xiàxún　相信 xiāngxìn　细小 xìxiǎo

(19) g　舌根、不送气、清、塞音：

改革 gǎigé　　高贵 gāoguì　　光顾 guānggù
更改 gēnggǎi　　观光 guānguāng　　桂冠 guìguān
国歌 guógē　　故宫 gùgōng　　巩固 gǒnggù

(20) k　舌根、送气、清、塞音：

开阔 kāikuò　　慷慨 kāngkǎi　　刻苦 kèkǔ
空旷 kōngkuàng　　苛刻 kēkè　　开垦 kāikěn
可靠 kěkào　　开课 kāikè　　夸口 kuākǒu

(21) h　舌根、清、擦音：

辉煌 huīhuáng　　呼唤 hūhuàn　　花卉 huāhuì
谎话 huǎnghuà　　挥霍 huīhuò　　悔恨 huǐhèn
航海 hánghǎi　　绘画 huìhuà　　洪湖 hónghú

2. 对比练习

(1) zh、ch、sh 和 z、c、s 对比辨音。因为发声母 zh、ch、sh 的时候，舌尖上翘，所以又叫翘舌音；发声母 z、c、s 的时候，舌尖平伸，所以又叫平舌音。全国很多方言区都会出现平翘舌不分，如把“开始”读成“开死”。在学习平翘舌声母时同样要知道哪些字发平舌音，哪些字发翘舌音，请参看如下 zh——z、ch——c、sh——s 辨音字例。

自愿——志愿　　鱼刺——鱼翅　　私人——诗人　　仿造——仿照
粗布——初步　　姿势——知识　　新春——新村　　宗旨——中止
资助——支柱　　自动——制动　　物资——物质　　糟了——招了
近似——近视　　搜集——收集　　增订——征订　　从来——重来
支援——资源　　主力——阻力　　木柴——木材　　商业——桑叶
申诉——申述　　摘花——栽花　　午睡——五岁　　八成——八层
树立——肃立　　找到——早到　　乱吵——乱草　　山顶——三顶

(2) 读准舌尖后音 zh、ch、sh 和舌尖前音 z、c、s：

振作 zhènzuò　　正宗 zhèngzōng　　赈灾 zhènzāi　　职责 zhízé
沼泽 zhǎozé　　制作 zhìzuò　　杂志 zázhì　　栽种 zāizhòng
增长 zēngzhǎng　　资助 zīzhù　　自制 zìzhì　　自重 zìzhòng
差错 chācuò　　陈醋 chéncù　　成材 chéngcái　　出操 chūcāo
除草 chúcǎo　　储藏 chǔcáng　　财产 cáichǎn　　采茶 cǎichá
残喘 cánchuǎn　　操场 cāochǎng　　磁场 cíchǎng　　促成 cùchéng
上司 shàngsī　　哨所 shàosuǒ　　深思 shēnsī　　生死 shēngsǐ
绳索 shéngsuǒ　　石笋 shísǔn　　散失 sànshī　　扫射 sǎoshè
四声 sìshēng　　宿舍 sùshè　　随时 suíshí　　所属 suǒshǔ

(3) f、h 对比辨音练习。湘、赣、客家、闽、粤等方言都不能清楚辨别声母 f 和 h，北方方言、江淮方言和西南方言也存在 f 和 h 混读的现象。在学习时首先应注意 f 和 h 的发音，然后要清楚声母 f 和 h 相对应的字词。

舅父 fù——救护 hù　公费 fèi——工会 huì

附 fù 注——互 hù 助　仿佛 fǎngfú——恍惚 huǎnghū

防 fáng 虫——蝗 huáng 虫　斧 fǔ 头——虎 hǔ 头

飞 fēi 机——灰 huī 鸡　非凡 fēifán——辉煌 huīhuáng

奋 fèn 战——混 hùn 战　复 fù 员——互 hù 援

（4）zh、ch、sh 和 j、q、x 对比辨音练习。粤方言、闽方言、湘方言和吴方言区会出现声母 zh、ch、sh 与 j、q、x 混用的情况，如把“知道”读成“机道”、把“少数”读成“小数”等。北方方言、吴方言和湘方言区中的一些人，常常把 j、q、x 发成 z、c、s，把团音（即声母 j、q、x 跟 i、ü 或以 i、ü 起头的韵母相拼）发成尖音。产生这种错误的主要原因是舌面前音 j、q、x 由舌面前部与硬腭形成阻碍而发声。

墨迹 jì——墨汁 zhī　交际 jì——交织 zhī　密集 jí——密植 zhí

边际 jì——编制 zhì　就 jiù 业——昼 zhòu 夜　浅 qiǎn 明——阐 chǎn 明

砖墙 qiáng——专长 cháng　洗 xǐ 礼——失 shī 礼　详细 xì——翔实 shí

缺席 xí——确实 shí　获悉 xī——获释 shì　逍 xiāo 遥——烧 shāo 窑

修 xiū 饰——收 shōu 拾　电线 xiàn——电扇 shàn

艰辛 xīn——艰深 shēn　姓 xìng 名——盛 shèng 名

（5）绕口令练习：

b——p：补破皮褥子不如不补破皮褥子。

b——p：吃葡萄不吐葡萄皮儿，不吃葡萄倒吐葡萄皮儿。

d：会炖我的炖冻豆腐，来炖我的炖冻豆腐，不会炖我的炖冻豆腐，就别炖我的炖冻豆腐。要是混充会炖我的炖冻豆腐，炖坏了我的炖冻豆腐，那就吃不成我的炖冻豆腐。

l：六十六岁刘老六，修了六十六座走马楼，楼上摆了六十六瓶苏合油，门前栽了六十六棵垂杨柳，柳上拴了六十六个大马猴。忽然一阵狂风起，吹倒了六十六座走马楼，打翻了六十六瓶苏合油，压倒了六十六棵垂杨柳，吓跑了六十六个大马猴，气死了六十六岁刘老六。

d——t：大兔子，大肚子，大肚子的大兔子，要咬大兔子的大肚子。

n——l：门口有四辆四轮大马车，你爱拉哪两辆来拉哪两辆。

h：华华有两朵黄花，红红有两朵红花。华华要红花，红红要黄花。华华送给红红一朵黄花，红红送给华华一朵红花。

q——x：七巷一个漆匠，西巷一个锡匠，七巷漆匠偷了西巷锡匠的锡，西巷锡匠偷了七巷漆匠的漆。

g——k：哥挎瓜筐过宽沟，赶快过沟看怪狗。光看怪狗瓜筐扣，瓜滚筐空哥怪狗。

h——f：一堆粪，一堆灰，灰混粪，粪混灰。

z——zh：隔着窗户撕字纸，一次撕下横字纸，一次撕下竖字纸，是字纸撕字纸，不是字纸，不要胡乱撕一地纸。

z、c、s——j、q、x：司机买雌鸡，仔细看雌鸡，四只小雌鸡，叽叽好欢喜，司机笑嘻嘻。

zh——ch——sh：大车拉小车，小车拉小石头，石头掉下来，砸了小脚趾头。

r：夏日无日日亦热，冬日有日日亦寒，春日日出天渐暖，晒衣晒被晒褥单，秋日天高复云淡，遥看红日迫西山。

f——h：丰丰和芳芳，上街买混纺。红混纺，粉混纺，黄混纺，灰混纺，红花混纺做裙子，粉花混纺做衣裳。红、粉、灰、黄花样多，五颜六色好混纺。

s——sh：三山撑四水，四水绕三山，三山四水春常在，四水三山四时春。

四是四，十是十，十四是十四，四十是四十，不要把十四说成四十，不要把四十说成十四。谁说四十是十四，就来试一试。

(6) 广东人学普通话应掌握的三个要点：一是要学会发翘舌音；二是要分辨哪些是平舌音声母字，哪些是翘舌音声母字；三是少数地区要分清 z、c、s、zh、ch、sh 与 j、q、x。要分清平、翘舌，应掌握它们不同的发音特点。z、c、s 和 zh、ch、sh、r 的发音方法是相同的，区别在于发音部位不同，因此读准 zh、ch、sh 的关键是发音时舌尖上翘，抵住硬腭的前部；而在发平舌音 z、c、s 时，舌尖向前平伸，抵住或接近上门齿背。

此外，还要熟悉以下发音并掌握其发音要领。

① 克服平翘相混淆以及 r 的练习。

z——zh	自治	尊重	增长	做主			
zh——z	制造	准则	种族	转载			
c——ch	促成	操场	财产	此处			
ch——c	纯粹	储藏	差错	尺寸			
s——sh	松树	宿舍	算术	损失			
sh——s	收缩	山色	十四	申诉			
r	燃料	让步	火热	人民	仍然	柔软	弱智

② 克服尖音的练习。

经济　坚决　消息　现象　亲切　恰巧　虚心　喜讯

③ 克服齿间音的练习。

字词　自私　自尊　草丛　思索　罪责　参差　蚕丝

④ 克服 r、y 混用的练习。

有用　柔软　勇敢　游泳　仍然　容忍　炖肉　人民

⑤ 克服 n、l 相混淆的练习。

普通话中，辅音声母 n 是一个纯粹的鼻音，气流全部从鼻腔通过。有些人发 n 听上去好像是 l，这是因为软腭下降不够，舌身收得比较紧，口腔阻塞部位封闭不完全，使部分气流沿着舌头两侧漏走了。而发 l 时，听上去又有鼻化的色彩，这是因为软腭提升不够，舌身放得比较宽，致使鼻腔内有残余气流泄出。体会 n 和 l 正确的发音方法，可以试用以下对比做法：

做法一：按照 n 的发音要求做好发音准备。用拇指和食指捏住鼻孔并试图发 n 音。

如果有很强的憋气的感觉，说明发音的部位和方法正确，松开拇指和食指，带上元音 e 或 a 呼读，n 则自然成声。

做法二：按照 l 的发音要求做好发音准备，用手捂住嘴巴，并试图发 l 音，如果两腮鼓起并伴有憋气的感觉，说明符合发音要求，移开手掌，带上元音 e 或 a 呼读，l 则自然成声。

如：n　奶牛　男女　南宁　泥泞　恼怒　能耐　难能

l　流利　嘹亮　玲珑　劳力　流浪　理论　绿柳

n——l　努力　你来　留念　烂泥

⑥ 克服 h、f 相混淆的练习。

防洪　符合　合法　会费

幅度——弧度　公费——工会　富丽——互利　发展——花展

(7) 比较下列各组声母的异同：

g——k　异：前者为不送气音，后者为送气音。同：都是清塞音、舌根音。

f——h　异：前者为唇齿音，后者为舌根音。同：都是清擦音。

zh——z　异：前者为舌尖后音，后者为舌尖前音。同：都是清塞音。

b——p　异：前者为不送气音，后者为送气音。同：都是清塞音、双唇音。

m——n　异：前者为双唇音，后者为舌尖音。同：都是浊音、鼻音。

q——c　异：前者为舌面音，后者为舌尖前音。同：都是清擦音。

sh——r　异：前者为清音，后者为浊音。同：都是舌尖后擦音。

ch——p　异：前者为舌尖后塞擦音，后者为双唇塞音。同：都是清音、送气音。

s——sh　异：前者为舌尖前音，后者为舌尖后音。同：都是清擦音。

x——h　异：前者为舌面前音，后者为舌根音。同：都是清擦音。

b——d　异：前者为双唇音，后者为舌尖音。同：都是清、不送气塞音。

t——g　异：前者为送气舌尖音，后者为不送气舌根音。同：都是清塞音。

第三节　韵　母

按汉语音韵学的传统分析，一个音节声母后面的部分叫韵，用来表示韵的字母叫韵母。如：pǔtōnghuà 三个音节里 u、ong、ua 是韵母。韵母可以由一个元音充当，也可以由 2～3 个元音结合而成，有些韵母由元音加辅音韵尾组成。普通话有 39 个韵母，按结构可以分为单元音韵母、复元音韵母、带鼻音韵母；按开头部分的元音分（传统“四呼”）：开口呼、齐齿呼、合口呼、撮口呼。

一、韵母的分类及发音

1. 单韵母

由 1 个元音构成的韵母叫单韵母，又叫单元音韵母。单元音韵母发音的特点是自始至终口形不变，舌位不移动。普通话共有 10 个单韵母：ɑ、o、e、ê、i、u、ü、－i(前)、－i(后)、er。根据它们的发音特点又可分为三类：

(1) 舌面元音(表 2.6)：

① ɑ 发音时，口腔大开，舌头前伸，舌位低，舌头居中，嘴唇呈自然状态。

发音例词：

打靶 dǎbǎ	大厦 dàshà	发达 fādá
马达 mǎdá	喇叭 lǎba	哪怕 nǎpà

② o 发音时，口腔半合，舌位半高，舌头后缩，嘴唇拢圆。

发音例词：

伯伯 bóbó	婆婆 pópó	默默 mòmò	泼墨 pōmò

③ e 发音状况大体像 o，只是双唇自然展开成扁形。

发音例词：

隔阂 géhé	合格 hégé	客车 kèchē
特色 tèsè	折射 zhéshè	这个 zhègè

④ ê 发音时，口腔半开，舌位半低，舌头前伸，舌尖抵住下齿背，嘴角向两边自然展开，唇形不圆。如"欸"的读音。在普通话里，ê 很少单独使用，经常出现在 i、ü 的后面，在 i、ü 后面时，书写要省去符号"ˆ"。

⑤ i 发音时，口腔开度很小，舌头前伸，前舌面上升接近硬腭，气流通路狭窄，但不发生摩擦，嘴角向两边展开，呈扁平状。

发音例词：

笔记 bǐjì	激励 jīlì	基地 jīdì
记忆 jìyì	霹雳 pīlì	习题 xítí

⑥ u 发音时，口腔开度很小，舌头后缩，后舌面上升接近硬腭，气流通路狭窄，但不发生摩擦，嘴唇拢圆成一小孔。

发音例词：

补助 bǔzhù	读物 dúwù	辜负 gūfù
瀑布 pùbù	入伍 rùwǔ	疏忽 shūhū

⑦ ü 发音时，口腔开度很小，舌头前伸，前舌面上升接近硬腭，但气流通过时不发生摩擦，嘴唇拢圆成一小孔。发音情况和 i 基本相同，区别是发 ü 音时嘴唇是圆的，发 i 音时嘴唇是扁的。

发音例词：

聚居 jùjū　　区域 qūyù　　屈居 qūjū
须臾 xūyú　　序曲 xùqǔ　　语序 yǔxù

（2）舌尖元音：

① －i（前）发音时，舌尖前伸，对着上齿背形成狭窄的通道，气流通过时不发生摩擦，嘴唇向两侧展开。用普通话念“私”并延长，字音后面的部分便是－i（前）。这个韵母只跟 z、c、s 配合，不和任何其他声母相拼，也不能自成音节。

发音例词：

私自 sīzì　　此次 cǐcì　　次子 cìzǐ

② －i（后）发音时，舌尖上翘，对着硬腭形成狭窄的通道，气流通过时不发生摩擦，嘴角向两边展开。用普通话念“师”并延长，字音后面的部分便是－i（后）。这个韵母只跟 zh、ch、sh、r 配合，不与其他声母相拼，也不能自成音节。

发音例词：

实施 shíshī　　支持 zhīchí　　知识 zhīshi
制止 zhìzhǐ　　值日 zhírì　　试制 shìzhì

（3）卷舌元音：

er 发音时，口腔半开，开口度比 ê 略小，舌位居中，稍后缩，唇形不圆。在发 e 音的同时，舌尖向硬腭轻轻卷起，不是先发 e 音后卷舌，而是发 e 音的同时舌尖卷起。“er”中的 r 不代表音素，只是表示卷舌动作的符号。er 只能自成音节，不和任何声母相拼。

发音例词：

而且 érqiě　　儿歌 érgē　　耳朵 ěrduo　　二胡 èrhú

表 2.6　元音舌位表

舌位高低	舌位前后					
	前元音		央元音		后元音	
高	i 衣	ü 遇				u 屋
半高					e 饿	o 喔
中						
半低	ê 欸					
低			ɑ 啊			

2. 复韵母（复元音韵母）

由 2 个或 3 个元音结合而成的韵母叫复韵母。普通话共有 13 个复韵母：ɑi、ei、ɑo、ou、iɑ、ie、uɑ、uo、üe、iɑo、iou、uɑi、uei。根据主要元音所处的位置，复韵母可分为前响复韵母，中响复韵母和后响复韵母。

(1) 普通话中的前响复合元音共有 4 个：ai、ei、ao、ou。它们发音的共同点是元音舌位都是由低向高滑动，开头的元音音素响亮清晰，收尾的元音音素轻短模糊，因此收尾的字母(或音标)只表示舌位移动的方向。

① ai：是前元音音素的复合，动程宽。起点元音 ɑ 比单元音 ɑ 的舌位靠前低落，可以简称它为前 ɑ。发音时，舌尖抵住下齿背，使舌面前隆起与硬腭相对。从前 ɑ 开始，舌位向 i 的方向滑动升高，大体停在次高元音 i。

发音例词：

爱戴 àidài	采摘 cǎizhāi	海带 hǎidài
开采 kāicǎi	拍卖 pāimài	灾害 zāihài

② ei：起点元音是前半高不圆唇元音 e，实际发音舌位要靠后靠下，接近央元音 ə。发音过程中，舌尖抵住下齿背，使舌面前部(略后)隆起对着硬腭中部。舌位从 e 开始升高，向 i 的方向往前往高滑动，大体停在次高元音 i。ei 是普通话中动程较短的复合元音。

发音例词：

肥美 féiměi	妹妹 mèimei	配备 pèibèi

③ ao：是后元音音素的复合。起点元音比单元音 ɑ 的舌位靠后，是个后低不圆唇元音，可简称为后 ɑ。发音时，舌头后缩，使舌面后部隆起。从 ɑ 后开始，舌位向 u(拼写作 —o，实际发音接近 u)的方向滑动升高。收尾的—u(—o)音舌位状态接近单元音 u，但舌位略低。

发音例词：

懊恼 àonǎo	操劳 cāoláo	高潮 gāocháo
骚扰 sāorǎo	逃跑 táopǎo	早操 zǎocāo

④ ou：起点元音比单元音 o 的舌位略低、略前，接近央元音 ə，唇形略圆。发音时，从略带圆唇的央元音 ə 开始，舌位向—u 的方向滑动。收尾音—u 比单元音 u 的舌位略低。它是普通话复韵母中动程最短的复合元音。

发音例词：

丑陋 chǒulòu	兜售 dōushòu	口头 kǒutóu
漏斗 lòudǒu	收购 shōugòu	喉头 hóutóu

(2) 普通话里的三合元音都是中响复合元音，共 4 个：iao、iou、uai、uei。这些韵母发音的共同点是舌位由高向低滑动，再从低向高滑动。开头的元音音素不响亮较短促，在音节里特别是在零声母音节里常伴有轻微的摩擦；中间的元音音素响亮清晰；收尾的元音音素轻短模糊。

① iao：由前高元音 i 开始，舌位降至后低元音 ɑ。然后再向后高圆唇元音 u 方向滑升。发音过程中，舌位先降后升，由前到后，曲折幅度大。唇形从中间的元音 ɑ 开始由不圆唇变为圆唇。

发音例词：

吊销 diàoxiāo　　疗效 liáoxiào　　巧妙 qiǎomiào

调料 tiáoliào　　逍遥 xiāoyáo　　苗条 miáotiáo

② iou：由前高元音 i 开始，舌位降至低元音 o，然后再向后高圆唇元音 u 的方向滑升。发音过程中，舌位先降后升，由前到后，曲折幅度较大。

发音例词：

久留 jiǔliú　　求救 qiújiù　　绣球 xiùqiú

优秀 yōuxiù　　悠久 yōujiǔ　　牛油 niúyóu

③ uai：由圆唇的后高元音 u 开始，舌位向前滑降到前低不圆唇元音 ɑ(即前 ɑ)，然后再向前高不圆唇元音 i 的方向滑升。舌位动程先降后升，由后到前，曲折幅度大。唇形从最圆开始，逐渐减弱圆唇度，发前元音 ɑ 以后渐变为不圆唇。

发音例词：

外快 wàikuài　　怀揣 huáichuāi　　乖乖 guāiguāi

④ uei：由后高圆唇元音 u 开始，舌位向前向下滑到前半低不圆唇元音 e 偏后靠下的位置，然后再向前高不圆唇元音 i 的方向滑升。发音过程中，舌位先降后升，由后到前，曲折幅度大。唇形从最圆开始，圆唇度随着舌位的前移减弱，发 e 以后逐渐变为不圆唇。

发音例词：

垂危 chuíwēi　　归队 guīduì　　悔罪 huǐzuì

追悔 zhuīhuǐ　　荟萃 huìcuì　　推诿 tuīwěi

中响复韵母在自成音节时，韵头 i、u 改写成 y、w。复韵母 iou、uei 前面加声母时要省写成 iu、ui，例如 liu(留)、gui(归)等；不跟声母相拼时，不能省写用 y、w 开头，写成 you(油)、wei(威)等。

(3) 普通话中后响复合元音有 5 个：iɑ、ie、uɑ、uo、üe。它们发音的共同点是舌位由高向低滑动，收尾的元音音素响亮清晰，在韵母中处在韵腹地位，因此舌位移动的终点是确定的。

① iɑ：起点元音是前高元音 i，由它开始，舌位滑向央低元音 ɑ 止。i 的发音较短，ɑ 的发音响而长。止点元音 ɑ 位置确定。

发音例词：

假牙 jiǎyá　　恰恰 qiàqià　　压价 yājià

② ie：起点元音是前高元音，由它开始，舌位滑向央低元音 ê 止。i 的发音较短，ê 的发音响而长。止点元音 ê 位置确定。

发音例词：

结业 jiéyè　　贴切 tiēqiè　　铁屑 tiěxiè

③ uɑ：起点元音是后高圆唇元音 u，由它开始，舌位滑向央低元音 ɑ 止。唇形由最圆逐渐展开到不圆。u 的发音较短，ɑ 的发音响而长。

发音例词：

挂花 guàhuā　　耍滑 shuǎhuá　　娃娃 wáwa

④ uo：由圆唇后元音复合而成。起点元音是后高圆唇元音 u，由它开始，舌位向下滑到后元音 o 止。u 的发音较短，o 的发音响而长。发音过程中，唇形保持圆形，开头最圆，结尾圆唇度略减。

错落 cuòluò　　硕果 shuòguǒ　　脱落 tuōluò

⑤ üe：由前元音复合而成。起点元音是圆唇高元音 ü，由它开始，舌位向下滑到前半低元音 ê 止，唇形由圆到不圆。ü 的发音较短，ê 的发音响而长。

发音例词：

雀跃 quèyuè　　约略 yuēlüè

3. 鼻韵母

由 1 个或 2 个元音后面带上鼻辅音构成的韵母叫鼻韵母。鼻韵母共有 16 个：an、en、in、ün、ang、eng、ing、ong、ian、uan、üan、uen、iang、uang、ueng、iong。

① an：起点元音是前低不圆唇元音 ɑ，舌尖抵住下齿背，舌位降到最低，软腭上升，关闭鼻腔通路。从前 ɑ 开始，舌面升高，舌面前部抵住硬腭前部，当两者将要接触时，软腭下降，打开鼻腔通路，紧接着舌面前部于硬腭前部闭合，使在口腔受到阻碍的气流从鼻腔透出。口形先开后合，舌位移动较大。

发音例词：

参战 cānzhàn　　反感 fǎngǎn　　烂漫 lànmàn

谈判 tánpàn　　坦然 tǎnrán　　赞叹 zàntàn

② en：起点元音是央元音 e，舌位不高不低不前不后，舌尖接触下齿背，舌面隆起部位受韵尾影响略靠前。从央元音 e 开始，舌面升高，舌面前部抵住硬腭前部，当两者将要接触时，软腭下降，打开鼻腔通路，紧接着舌面前部与硬腭前部闭合，使在口腔受到阻碍的气流从鼻腔透出。口形由开到闭，舌位移动较小。

发音例词：

根本 gēnběn　　门诊 ménzhěn　　人参 rénshēn

认真 rènzhēn　　深沉 shēnchén　　振奋 zhènfèn

③ in：起点元音是前高不圆唇元音 i，舌尖抵住下齿背，软腭上升，关闭鼻腔通路。从舌位最高的元音 i 开始，舌位升高，舌面前部抵住硬腭前部，当两者将要接触时，软腭下降，打开鼻腔通路，紧接着舌面前部与硬腭前部闭合，使在口腔受到阻碍的气流从鼻腔透出。开口度几乎没有变化，舌位动程很小。

发音例词：

近邻 jìnlín　　拼音 pīnyīn　　信心 xìnxīn

辛勤 xīnqín　　引进 yǐnjìn　　濒临 bīnlín

④ ün：起点元音是前高圆唇元音 ü。与 in 的发音过程比只是唇形变化不同。从圆唇的前元音 ü 开始，唇形从圆唇逐步展开，而 in 的唇形始终是展唇。

发音例词：

军训 jūnxùn　　均匀 jūnyún　　芸芸 yúnyún

群众 qúnzhòng　　循环 xúnhuán　　允许 yǔnxǔ

⑤ ang:起点元音是后低不圆唇元音 ɑ,口大开,舌尖离开下齿背,舌头后缩。从后 ɑ 开始,舌面后部抬起,当贴近软腭时,软腭下降,打开鼻腔通路,紧接着舌根与软腭接触,封闭口腔通路,气流从鼻腔透出。

发音例词:

帮忙 bāngmáng　　苍茫 cāngmáng　　当场 dāngchǎng

刚刚 gānggāng　　商场 shāngchǎng　　上当 shàngdàng

⑥ eng:起点元音是央元音 e,口半闭,展唇,舌身后缩,舌尖离开下齿背,舌面后部隆起,比发单元音 e 的舌位略低。从 e 开始,舌面后部抬起,贴向软腭。当两者将要接触时,软腭下降,打开鼻腔通路,紧接着舌面后部抵住软腭,使在口腔受到阻碍的气流从鼻腔透出。

发音例词:

承蒙 chéngméng　　丰盛 fēngshèng　　更正 gēngzhèng

萌生 méngshēng　　声称 shēngchēng　　升腾 shēngténg

⑦ ing:起点元音是前高不圆唇元音 i,舌尖接触下齿背,舌面前部隆起。从 i 开始,舌面隆起部位不降低,一直后移,舌尖离开下齿背,逐步使舌面后部隆起,贴向软腭,当两者将要接触时,软腭下降,打开鼻腔通路,紧接着舌面后部抵住软腭,封闭口腔通路,气流从鼻腔透出。口形没有明显变化。

发音例词:

叮咛 dīngníng　　经营 jīngyíng　　命令 mìnglìng

评定 píngdìng　　清静 qīngjìng　　姓名 xìngmíng

⑧ ong:起点元音是比后高圆唇元音 u 舌位略低的次高后元音 u,舌尖离开下齿背,舌头后缩,舌面后部隆起,软腭上升,关闭鼻腔通路。从次高后元音 u 开始,舌面后部贴向软腭。当两者将要接触时,软腭下降,打开鼻腔通路,紧接着舌面后部抵住软腭,封闭口腔通路,气流从鼻腔透出。唇形始终拢圆。

发音例词:

共同 gòngtóng　　轰动 hōngdòng　　空洞 kōngdòng

隆重 lóngzhòng　　通融 tōngróng　　恐龙 kǒnglóng

⑨ ian:发音时,从前高元音 i 开始,舌位向前低元音 ɑ 的方向滑降。舌位降到次低前元音 ê 的位置就开始升高,直到舌面前部抵住硬腭前部形成鼻音-n。

发音例词:

艰险 jiānxiǎn　　简便 jiǎnbiàn　　连篇 liánpiān

前天 qiántiān　　浅显 qiǎnxiǎn　　田间 tiánjiān

⑩ uan:发音时,由圆唇的后高元音 u 开始,口形迅速由合口变为开口状,舌位向前迅速滑降到不圆唇的前低元音 ɑ(前 ɑ);然后舌位升高,接续鼻音-n。

发音例词:

贯穿 guànchuān　　软缎 ruǎnduàn　　酸软 suānruǎn

婉转 wǎnzhuǎn　　专款 zhuānkuǎn　　转换 zhuǎnhuàn

⑪ üan:发音时,由圆唇的前高元音 ü 开始,向前低元音 ɑ 的方向滑降。舌位降到次低前元音 ê 略后就开始升高,接续鼻音—n。

发音例词:

源泉 yuánquán　　轩辕 xuānyuán　　涓涓 juānjuān

⑫ uen:发音时,由圆唇的后高元音 u 开始,向央元音 e 滑降,然后舌位升高,接续鼻音—n。唇形由圆唇渐变为展唇。

发音例词:

昆仑 kūnlún　　温存 wēncún　　温顺 wēnshùn

论文 lùnwén　　馄饨 húntun　　谆谆 zhūnzhūn

⑬ iang:发音时,由前高元音 i 开始,舌位向后滑降到后低元音 ɑ(后 ɑ),然后舌位升高,接续鼻音—ng。

发音例词:

两样 liǎngyàng　　洋相 yángxiàng　　响亮 xiǎngliàng

⑭ uang:发音时,由圆唇的后高元音 u 开始,舌位滑降至后低元音 ɑ(后 ɑ),然后舌位升高,接续鼻音—ng。唇形从圆唇渐变为展唇。

发音例词:

狂妄 kuángwàng　　双簧 shuānghuáng　　状况 zhuàngkuàng

⑮ ueng:发音时,由圆唇的后高元音 u 开始,舌位滑降到后半高元音 e(稍稍靠前略低)的位置,然后舌位升高,接续鼻音—ng。唇形从圆唇渐变为展唇。在普通话里,韵母 ueng 只有一种零声母的音节形式 weng。

发音例词:

蕹菜 wèngcài　　水瓮 shuǐwèng　　主人翁 zhǔrénwēng

⑯ iong:发音时,由前高元音 i 开始,舌位向后略向下滑动到次高后元音 u 的位置,然后舌位升高,接续鼻音—ng。由于受后面圆唇元音的影响,开始的前高元音 i 也带上了圆唇动作。

发音例词:

炯炯 jiǒngjiǒng　　汹涌 xiōngyǒng

二、普通话韵母的“四呼”

按开头元音的发音口形,韵母分为开口呼、齐齿呼、合口呼、撮口呼四类,简称四呼(表 2.7)。四呼是由韵头、韵腹的特点决定的。

1. 开口呼(15 个)

凡是不以 i、u、ü 开头的韵母,统称为开口呼韵母,即没有韵头(介音),而韵腹又不是

i、u、ü 的韵母。

发音时，口腔开度较大，所以叫作开口呼。开口呼是指－i(前)、－i(后)两个舌尖元音，包括除 i、u、ü 以外的全部单韵母，用 a、o、e 开头的全部复韵母、鼻韵母，具体如下：

a、o、e、ai、ei、ao、ou、an、en、ang、eng、ê、－i(前)、－i(后)、er

2. 齐齿呼(9 个)

凡是以 i 开头的韵母叫作齐齿呼韵母。发音时，上下齿几乎是对齐的，所以叫作齐齿呼。它包括单韵母 i 和用 i 作韵头或韵腹的全部复韵母、鼻韵母，具体如下：

i、ia、ie、iao、iou、ian、in、iang、ing

3. 合口呼(10 个)

凡是以 u 开头的韵母叫作合口呼韵母。发音时，双唇合拢，呈圆形，所以叫作合口呼。它包括单韵母 u 和用 u 作韵头的全部复韵母、鼻韵母，具体如下：

u、ua、uo、uai、uei、uan、uen、uang、ueng、ong

4. 撮口呼(5 个)

凡是以 ü 开头的韵母叫作撮口呼韵母。发音时，双唇撮拢，呈圆形，所以叫作撮口呼，具体如下：

ü、üe、üan、ün、iong

表 2.7 普通话韵母总表

	开口呼	齐齿呼	合口呼	撮口呼
单元音韵母	－i	i	u	ü
	a	ia	ua	
	o		uo	
	e			
	ê	ie		üe
	er			
复元音韵母	ai		uai	
	ei		uei	
	ao	iao		
	ou	iou		
带鼻音韵母	an	ian	uan	üan
	en	in	uen	ün
	ang	iang	uang	
	eng	ing	ueng	
			ong	iong

三、韵母辨正

1. 单韵母辨正：i——ü

有些方言如闽方言、客家方音、西南方言（部分）和江淮方言（部分）会出现把 i 和 ü 都念成 i 的情况，如把“鱼头”念成“姨头”。它们的发音区别在于 i 是齐齿呼，ü 是撮口呼，口形完全不同。i 和 ü 都是舌面前高元音，差别只是发音时 i 不圆唇，ü 要圆唇。先发 i 的音，舌位保持不变，慢慢把嘴唇收圆就是 ü。闽方言、客家方言和西南一些地区的方言没有单元音 ü，相应地方的人常常把普通话里的 ü 读成 i。

注意分辨下列各组词语的发音：

名义 míngyì——名誉 míngyù

前面 qiánmiàn——全面 quánmiàn

季节 jìjié——拒绝 jùjué

盐分 yánfèn——缘分 yuánfèn

2. 单韵母辨正：e——o

北方方言（部分）会把韵母 o 念成 e，如把“坡”“破”“摸”的韵母读成 e；西南方言（部分）会把韵母 e 念成 o，如把“哥”“和”“颗”“喝”的韵母读成 o。

普通话的韵母 o 只跟 b、p、m、f 拼合，而韵母 e 却相反，不能和这四个声母拼合（“什么”的“么”字除外），所以记住 b、p、m、f 后面的韵母一定是 o，而不是 e。

3. 分清 n 和 ng

n 和 ng 发音不同。n 是舌尖浊鼻音，发音时由舌尖和上齿背构成阻碍；ng 是舌根浊鼻音，发音时由舌根和软腭构成阻碍。普通话里由鼻韵尾 n 和 ng 组成两套鼻韵母，以区别意义。有些方言却不能分辨，有的有 n 没有 ng，有的有 ng 没有 n。南京话不能区分 an 和 ang、ian 和 iang、uan 和 uang，“天坛”等于“天堂”、“平凡”等于“平房”。更多的地区不能区分 en 和 eng、in 和 ing，“人民”等于“人名”、“老陈”等于“老程”。注意分辨下列各组词语的发音：

赞颂 zànsòng——葬送 zàngsòng　　陈旧 chénjiù——成就 chéngjiù

山口 shānkǒu——伤口 shāngkǒu　　亲近 qīnjìn——清静 qīngjìng

4. 避免韵头 i 和 u 丢失

普通话的复韵母有 13 个，而有些方言缺乏复韵母。吴方言的许多地区把 i、ei、o、ou 读成单韵母，粤方言的有些地区由于缺乏韵头，也把带有韵头的复韵母读成没有韵头的韵母，这些方言区的人学习普通话时要注意学习复韵母。注意分辨下列各组词语的发音：

电话 diànhuà——淡化 dànhuà　　统帅 tǒngshuài——统晒 tǒngshài

天上 tiānshàng——摊上 tānshàng　　淮河 huáihé——海河 hǎihé

拈连 niánlián——难连 nánlián　　灰色 huīsè——黑色 hēisè
连连 liánlián——兰兰 lánlán　　家家 jiājiā——嘎嘎 gāgā

四、韵母练习

1. 词语练习

(1) 单韵母(ɑ、o、e、i、u、ü、－i(前)、－i(后)、er)练习：

ɑ　舌面、央、低、不圆唇韵母。

沙发　发达　大厦　妈妈　爸爸　哈达

o　舌面、后、半高、圆唇韵母。

伯伯　婆婆　薄膜

e　舌面、后、半高、不圆唇韵母。

折射　合格　特色　客车　塞责　讷讷

i　舌面、前、高、不圆唇韵母。

机器　意义　记忆　洗衣机　力气　米粒

u　舌面、后、高、圆唇韵母。

幅度　督促　互助　粗鲁　侏儒　突出

ü　舌面、前、高、圆唇韵母。

须臾　区域　玉宇　曲剧　豫剧　吕剧

－i(前)　舌尖、前、高、不圆唇单元音韵母。

自私　次子　私自

－i(后)　舌尖、后、高、不圆唇单元音韵母。

支持　日食　知识　时事

er　卷舌韵母：卷舌、央、中、不圆唇韵母。

耳　二　尔　贰

(2) 前响复韵母(ɑi、ei、ɑo、ou)练习：

ɑi　彩排　晒台　摘菜　外来　买卖　海外
ei　蓓蕾　黑煤　北美　妹妹　配备　非洲
ɑo　报到　报告　操劳　号召　嫂嫂　遭到
ou　守候　油豆　欧洲　口头　丑陋　收购

(3) 后响复韵母(iɑ、ie、uɑ、uo、üe)练习：

iɑ　加价　假牙　架下　加压　狭小　家教
ie　贴切　结业　铁鞋　姐姐　结业　趔趄
uɑ　娃娃　耍滑　花袜　挂花　说话　画画
uo　懦弱　国货　萝卜　过错　脱落　做作
üe　月缺　雪月　确切　雪夜　绝学　决裂

(4) 中响复韵母(iao、iou、uai、uei)练习：

iao　吊桥　逍遥　巧妙　妙药

iou　绣球　妞妞　优秀　悠久

uai　外快　摔坏　怀揣　乖乖

uei　归队　翠微　坠毁　回归

(5) 前鼻韵母(an、en、in、ün、ian、uan、uen、üan)练习：

an　由舌面、前、低、不圆唇元音[a]做韵腹，后加韵尾 n 构成。

灿烂　安然　展览　感叹　参赞　栏杆

en　由中央元音 e 做韵腹，后加韵尾 n 构成。

本分　身份　根本　振奋　认真　审慎

in　由韵腹 i 后加韵尾 n。

濒临　辛勤　拼音　尽心　凛凛

ün　由韵腹 ü 后加韵尾 n。

军训　均匀　逡巡　菌群　寻衅

ian　在 an 前面加韵头 i。

连绵　鲜艳　惦念　简练　变迁

uan　在 an 前面加韵头 u。

传唤　婉转　软缎　贯穿　宦官

uen　在 en 前面上 u。

温存　温顺　春笋　混沌　昆仑

üan　在 an 前面上 ü。

渊源　源泉　全权　圆圈　轩辕

(6) 后鼻韵母(ang、eng、ing、ong、iang、iong、uang、ueng)练习：

ang　苍茫　商场　帮忙　厂房　当场

eng　整风　丰盛　承蒙　生成　省城

ing　姓名　情形　命令　宁静　明星　平定

ong　隆重　工农　轰动　从容　空洞　总统

iang　响亮　想象　像样　向阳　亮相　洋姜

iong　炯炯　汹涌　穷凶　熊熊　汹汹

uang　狂妄　状况　装潢　闯王　双簧

ueng　老翁　嗡嗡　水瓮

2. 辨音练习

(1) 韵母 in——ün 辨正：

进军 jìnjūn　寻衅 xúnxìn　音讯 yīnxùn　云锦 yúnjǐn

音韵 yīnyùn　新裙 xīnqún　熏心 xūnxīn　循进 xúnjìn

真金 jīn——真菌 jūn　平津 jīn——平均 jūn

晋 jìn 级——峻 jùn 急　　餐巾 jīn——参军 jūn

攻心 xīn——功勋 xūn　　金银 jīnyín——均匀 jūnyún

(2) 单韵母 i——ü 辨正：

继续 jìxù　纪律 jìlǜ　谜语 míyǔ　体育 tǐyù　例句 lìjù

履历 lǚlì　语气 yǔqì　距离 jùlí　曲艺 qǔyì　具体 jùtǐ

比喻 bǐyù　与其 yǔqí　寄语 jìyǔ　一律 yīlǜ　预计 yùjì

羽翼 yǔyì　抑郁 yìyù

生育 yù——生意 yì　居 jū 住——记 jì 住　聚 jù 会——忌 jì 讳

取 qǔ 名——起 qǐ 名　于 yú 是——仪 yí 式　名誉 yù——名义 yì

遇 yù 见——意 yì 见　舆 yú 论——议 yì 论　美育 yù——美意 yì

姓吕 lǚ——姓李 lǐ　雨 yǔ 具——以 yǐ 及　区 qū 域——歧 qí 义

(3) 读准 e 和 o：

脖 bó 子　老婆 po　蘑 mó 菇　鸟窝 wō　伯 bó 父

哥 gē 哥　天鹅 é　河 hé 水　毒蛇 shé　记者 zhě

叵测 pǒcè　波折 bōzhé　恶魔 èmó　刻薄 kèbó　河坡 hépō

(4) 复韵母对比练习。

① i 和 ei 的区分：

白费 báifèi　败北 bàiběi　代培 dàipéi　败类 bàilèi

海类 hǎilèi　悲哀 bēi'āi　黑白 hēibái　擂台 lèitái

内海 nèihǎi　内债 nèizhài

② ao 和 ou 的区分：

保守 bǎoshǒu　刀口 dāokǒu　稿酬 gǎochóu　毛豆 máodòu

矛头 máotóu　酬劳 chóuláo　逗号 dòuhào　漏勺 lòusháo

柔道 róudào　手套 shǒutào

③ ia 和 ie 的区分：

家业 jiāyè　佳节 jiājié　假借 jiǎjiè　嫁接 jiàjiē

接洽 jiēqià　野鸭 yěyā　截下 jiéxià　跌价 diējià

④ ie 和 üe 的区分：

解决 jiějué　竭蹶 jiéjué　谢绝 xièjué　灭绝 mièjué

月夜 yuèyè　确切 quèqiè　学业 xuéyè　决裂 juéliè

⑤ ua 和 uo、o 的区分：

花朵 huāduǒ　话说 huàshuō　划拨 huàbō　华佗 huàtuó

帛画 bóhuà　国画 guóhuà　火花 huǒhuā　说话 shuōhuà

⑥ iao 和 iou 的区分：

交流 jiāoliú　娇羞 jiāoxiū　料酒 liàojiǔ　校友 xiàoyǒu

要求 yāoqiú　丢掉 diūdiào　柳条 liǔtiáo　牛角 niújiǎo

袖标 xiùbiāo　油条 yóutiáo

⑦ uai 和 uei 的区分：

怪罪 guàizuì　快慰 kuàiwèi　快嘴 kuàizuǐ　衰退 shuāituì

外汇 wàihuì　对外 duìwài　鬼怪 guǐguài　追怀 zhuīhuái

(5) 鼻韵母练习。

① an——ang 对比辨音：

扳 bān 手——帮 bāng 手　女篮 lán——女郎 láng

反 fǎn 问——访 fǎng 问　担 dān 心——当 dāng 心

唐 táng 宋——弹 tán 送　水干 gān——水缸 gāng

看 kān 家——康 kāng 佳　战 zhàn 防——账 zhàng 房

赏 shǎng 光——闪 shǎn 光　冉冉 rǎn——嚷嚷 rǎng

土壤 rǎng——涂染 rǎn　张 zhāng 贴——粘 zhān 贴

② 读准 an 和 ang：

担当 dāndāng　班长 bānzhǎng　繁忙 fánmáng　反抗 fǎnkàng

擅长 shàncháng　商贩 shāngfàn　当然 dāngrán　傍晚 bàngwǎn

账单 zhàngdān　方案 fāng'àn

③ 读准 ian 和 iang：

演讲 yǎnjiǎng　现象 xiànxiàng　坚强 jiānqiáng　绵羊 miányáng

岩浆 yánjiāng　镶嵌 xiāngqiàn　香甜 xiāngtián　想念 xiǎngniàn

两面 liǎngmiàn　量变 liàngbiàn

④ 读准 uan 和 uang：

观光 guānguāng　宽广 kuānguǎng　观望 guānwàng　万状 wànzhuàng

端庄 duānzhuāng　光环 guānghuán　狂欢 kuánghuān　双关 shuāngguān

⑤ en——eng 对比辨音：

真 zhēn 气——蒸 zhēng 汽　整 zhěng 段——诊 zhěn 断

上身 shēn——上升 shēng　人参 shēn——人生 shēng

针 zhēn 眼——睁 zhēng 眼　乘 chéng 风——晨 chén 风

同门 mén——同盟 méng　瓜分 fēn——刮风 fēng

出生 shēng——出身 shēn　粉 fěn 刺——讽 fěng 刺

花盆 pén——花棚 péng　分 fēn 子——疯 fēng 子

深耕 shēngēng——生根 shēnggēn　正 zhèng 中——震 zhèn 中

分针 fēnzhēn——风筝 fēngzhēng　审 shěn 视——省 shěng 市

深沉 shēnchén——生成 shēngchéng

⑥ 读准 en 和 eng：

真诚 zhēnchéng　本能 běnnéng　奔腾 bēnténg　神圣 shénshèng

人生 rénshēng　成本 chéngběn　承认 chéngrèn　风尘 fēngchén

⑦ in——ing 对比辨音：

红心 xīn——红星 xīng	人民 mín——人名 míng
信 xìn 服——幸 xìng 福	劲 jìn 头——镜 jìng 头
婴 yīng 儿——因 yīn 而	海滨 bīn——海兵 bīng
零 líng 时——临 lín 时	静 jìng 止——禁 jìn 止
谈情 qíng——弹琴 qín	印 yìn 象——映 yìng 象
冰 bīng 棺——宾 bīn 馆	频频 pín——平平 píng
今 jīn 天——惊 jīng 天	亲近 qīnjìn——清静 qīngjìng
竞 jìng 赛——禁 jìn 赛	金银 jīnyín——晶莹 jīngyíng

⑧ 读准 in 和 ing：

心情 xīnqíng	品行 pǐnxíng	心灵 xīnlíng	民兵 mínbīng
金星 jīnxīng	灵敏 língmǐn	清音 qīngyīn	平民 píngmín

（6）后鼻音词语练习。

① an——ang：

烂漫——浪漫	反问——访问	赞颂——葬送	开饭——开放
担心——当心	弹词——搪瓷	鱼竿——鱼缸	施展——师长
一般——一帮	寒天——航天	心烦——心房	散失——丧失

② an——ang：

担当	安放	班长	繁忙	山冈	南方	反抗
安康	返航	漫长	肝脏	擅长	战场	班长

③ ang——an。

商贩	当然	傍晚	畅谈	上班	账单	方案
商战	汤饭	钢板	房山	浪漫		

④ en——eng：

陈旧——成就	真理——争理	申明——声明	木盆——木棚
清真——清蒸	瓜分——刮风	绅士——声势	人参——人生
诊治——整治	沉积——乘机	长针——长征	粉刺——讽刺

⑤ en——eng：

真诚	本能	深层	奔腾	真正	神圣	纷争
门缝	人称	人生	晨风	分封		

⑥ eng——en：

成本	成分	登门	承认	成人	诚恳	城镇
风尘	缝纫	能人	胜任	正门	证人	生根

⑦ in——ing：

亲生——轻生	金质——精致	人民——人名	信服——幸福
频繁——平凡	亲近——清净	贫民——平民	金银——经营

弹琴——谈情　进攻——静功　信誉——性欲　亲信——青杏

⑧ in——ing：

心情　禁令　新兴　民警　品行　聘请　进行

新型　尽情　心灵　拼命　民兵　金星　新颖

⑨ ing——in：

听信　灵敏　清新　挺进　平民　迎新　影印

警民　领巾　精心　轻信　病因　定亲　京津

3. “四呼”练习

读好韵母的三要素：口形、舌位动程、归音。

（1）开口呼练习：

发达　客车　薄膜　而且　开采　肥美　高潮

收购　展览　根本　帮忙　生成　自私　值日

（2）齐齿呼练习：

汽笛　加价　贴切　逍遥　优秀　连绵　拼音　想象

（3）合口呼练习：

突出　耍滑　过错　摔坏　摧毁　贯穿　论文　状况

（4）撮口呼练习：

雨具　策略　男女　源泉　军训

4. 绕口令练习

（1）a：

门前有八匹大伊犁马，你爱拉哪匹马拉哪匹马。

（2）e：

坡上立着一只鹅，坡下就是一条河。宽宽的河，肥肥的鹅，鹅要过河，河要渡鹅。不知是鹅过河，还是河渡鹅。

（3）i：

一二三，三二一，一二三四五六七。七个阿姨来摘果，七个花篮儿手中提。七棵树上结七样儿，苹果、桃儿、石榴、柿子，李子、栗子、梨。

（4）u：

鼓上画只虎，破了拿布补。不知布补鼓，还是布补虎。

（5）i——ü：

这天天下雨，体育局穿绿雨衣的女小吕，去找穿绿运动衣的女老李。穿绿雨衣的女小吕，没找到穿绿运动衣的女老李，穿绿运动衣的女老李，也没见着穿绿雨衣的女小吕。

（6）er：

要说“尔”专说“尔”，马尔代夫、喀布尔、阿尔巴尼亚、扎伊尔、卡塔尔、尼泊尔、贝尔格莱德、安道尔、萨尔瓦多、伯尔尼、利伯维尔、班珠尔、厄瓜多尔、塞舌尔、哈密尔顿、尼日尔、圣彼埃尔、巴斯特尔、塞内加尔的达喀尔、阿尔及利亚的阿尔及尔。

(7) —i(前)：

一个大嫂子，一个大小子。大嫂子跟大小子比包饺子，看是大嫂子包的饺子好，还是大小子包的饺子好，再看大嫂子包的饺子少，还是大小子包的饺子少。大嫂子包的饺子又小又好又不少，大小子包的饺子又小又少又不好。

(8) —i(后)：

知之为知之，不知为不知，不以不知为知之，不以知之为不知，唯此才能求真知。

(9) ai：

买白菜，搭海带，不买海带就别买大白菜。买卖改，不搭卖，不买海带也能买到大白菜。

(10) ei：

贝贝飞纸飞机，菲菲要贝贝的纸飞机，贝贝不给菲菲自己的纸飞机，贝贝教菲菲自己做能飞的纸飞机。

(11) ai——ei：

大妹和小妹，一起去收麦。大妹割大麦，小妹割小麦。大妹帮小妹挑小麦，小妹帮大妹挑大麦。大妹小妹收完麦，噼噼啪啪齐打麦。

(12) ao：

隔着墙头扔草帽，也不知草帽套老头儿，也不知老头儿套草帽。

(13) ou：

忽听门外人咬狗，拿起门来开开手；拾起狗来打砖头，又被砖头咬了手；从来不说颠倒话，口袋驮着骡子走。

(14) an：

出前门，往正南，有个面铺面冲南，门口挂着蓝布棉门帘。摘了它的蓝布棉门帘，棉铺面冲南，给它挂上蓝布棉门帘，面铺还是面冲南。

(15) en：

小陈去卖针，小沈去卖盆。两人挑着担，一起出了门。小陈喊卖针，小沈喊卖盆。也不知是谁卖针，也不知是谁卖盆。

(16) ang：

海水长，长长长，长长长消。

(17) eng：

郑政捧着盏台灯，彭澎扛着架屏风，彭澎让郑政扛屏风，郑政让彭澎捧台灯。

(18) ang——an：

张康当董事长，詹丹当厂长，张康帮助詹丹，詹丹帮助张康。

(19) eng——en：

陈庄程庄都有城，陈庄城通程庄城。陈庄城和程庄城，两庄城墙都有门。陈庄城进程庄人，陈庄人进程庄城。请问陈程两庄城，两庄城门都进人，哪个城进陈庄人，程庄人进哪个城？

(20) ang——eng：

长城长，城墙长，长长长城长城墙，城墙长长城长长。

(21) ia：

天上飘着一片霞，水上飘着一群鸭。霞是五彩霞，鸭是麻花鸭。麻花鸭游进五彩霞，五彩霞挽住麻花鸭。乐坏了鸭，拍碎了霞，分不清是鸭还是霞。

(22) ie：

姐姐借刀切茄子，去把儿去叶儿斜切丝，切好茄子烧茄子，炒茄子、蒸茄子，还有一碗焖茄子。

(23) iao：

水上漂着一只表，表上落着一只鸟。鸟看表，表瞪鸟，鸟不认识表，表也不认识鸟。

(24) iou：

一葫芦酒，九两六。一葫芦油，六两九。六两九的油，要换九两六的酒，九两六的酒，不换六两九的油。

(25) ian：

半边莲，莲半边，半边莲长在山涧边。半边天路过山涧边，发现这片半边莲。半边天拿来一把镰，割了半筐半边莲。半筐半边莲，送给边防连。

(26) in：

你也勤来我也勤，生产同心土变金。工人农民亲兄弟，心心相印团结紧。

(27) iang：

杨家养了一只羊，蒋家修了一道墙。杨家的羊撞倒了蒋家的墙，蒋家的墙压死了杨家的羊。杨家要蒋家赔杨家的羊，蒋家要杨家赔蒋家的墙。

(28) ing：

天上七颗星，树上七只鹰，梁上七个钉，台上七盏灯。拿扇扇了灯，用手拔了钉，举枪打了鹰，乌云盖了星。

(29) ua：

一个胖娃娃，画了三个大花活蛤蟆；三个胖娃娃，画不出一个大花活蛤蟆。画不出一个大花活蛤蟆的三个胖娃娃，真不如画了三个大花活蛤蟆的一个胖娃娃。

(30) uo(o)：

狼打柴，狗烧火，猫儿上炕捏窝窝，雀儿飞来蒸饽饽。

(31) uai：

槐树槐，槐树槐，槐树底下搭戏台，人家的姑娘都来了，我家的姑娘还不来。说着说着就来了，骑着驴，打着伞，歪着脑袋上戏台。

(32) uei：

威威、伟伟和卫卫，拿着水杯去接水。威威让伟伟，伟伟让卫卫，卫卫让威威，没人先接水。一二三，排好队，一个一个来接水。

(33) uang：

王庄卖筐，匡庄卖网，王庄卖筐不卖网，匡庄卖网不卖筐，你要买筐别去匡庄去王庄，你要买网别去王庄去匡庄。

(34) ueng：

老翁卖酒老翁买，老翁买酒老翁卖。

(35) ong：

冲冲栽了十畦葱，松松栽了十棵松。冲冲说栽松不如栽葱，松松说栽葱不如栽松。是栽松不如栽葱，还是栽葱不如栽松？

(36) uan——uang：

那边划来一艘船，这边漂去一张床，船床河中互相撞，不知船撞床，还是床撞船。

(37) uan—an：

大帆船，小帆船，竖起桅杆撑起船。风吹帆，帆引船，帆船顺风转海湾。

(38) uen—en：

孙伦打靶真叫准，半蹲射击特别神，本是半路出家人，摸爬滚打练成神。

(39) üe：

真绝，真绝，真叫绝，皓月当空下大雪，麻雀游泳不飞跃，鹊巢鸠占鹊喜悦。

(40) ün：

军车运来一堆裙，一色军用绿色裙。军训女生一大群，换下花裙换绿裙。

(41) üan：

圆圈圆，圈圆圈，圆圆娟娟画圆圈。娟娟画的圈连圈，圆圆画的圈套圈。娟娟圆圆比圆圈，看看谁的圆圈圆。

(42) iong：

小涌勇敢学游泳，勇敢游泳是英雄。

第四节　声　　调

一、声调概述

1. 声调的定义

声调就是一个音节高低、升降、曲直、长短的变化形式。汉语中一个汉字基本代表着一个音节，所以声调又可以叫作字调。声调具有区别意义（字、词义）的作用。

2. 声调的性质

汉语是有声调的语言，一个音节除声母、韵母外，还一定有一个声调，贯穿在整个音节里。声调是指音节读音高低升降的变化，是音节的重要组成部分。声调有区别词义的作用，同样的声母和韵母构成的音节，如果声调不同，它们所表示的意义也不一样。如：

shíshī　　shíshì　　shǐshī　　shìshí　　shìshì
实施　　时事　　史诗　　事实　　逝世

以上 5 个词 10 个音节，声、韵完全相同，由于声调不同，所表示的意义完全不同。又如：普通话里“山西”（shānxī）和“陕西”（shǎnxī）的不同，“主人”（zhǔrén）和“主任”（zhǔrèn）的不同，就是源于声调的不同。

3. 声调的作用

声调属于音高的变化，高低升降主要取决于音高。同一个人的不同音高的变化，是由其控制声带的松紧决定的。声带越松，声调越低；声带越紧，声调越高。发音时声带可以拉紧或放松，声调低，声带放松；声调高，声带拉紧，就形成了音高的变化，所以能发出不同的调型。这种音高是相对音高。还有一种是绝对音高，比如，就不同的人来说，男人比女人声音低，老人比小孩声音低；就同一个人来说，情绪激动的时候声音高，情绪低落的时候声音低，这种音高对区别意义没有作用。同一个词“科学”，一个男人用低调说出来，一个女人用高调说出来，别人听起来都是“科学”，尽管用精密仪器量出来的频率即绝对音高数字是很不相同的，但意义完全一样。

4. 声调和语调

印欧语都讲究语调，但很少有声调；而汉语不仅讲究语调，更重视声调，因为汉语的语调是建立在各音节固有的声调的基础之上的，是对原有声调的稍抑或稍扬。语调与声调相比较，当然声调更重要，有人分析音节组成为“头、颈、腹、尾、神”，把声调喻为音节之“神”，足可见其重要性了。

二、调值和调类

声调包括调值和调类两个方面。

1. 调值

调值就是声调的实际读法，也就是声调的高低、升降、曲直、长短变化的具体形式。

调值是由音高决定的，音乐的音阶也是由音高决定的，但是调值和音阶不同。音阶的高低是绝对的，调值的高低是相对的。用普通话读“天”字，成年男人的调值比女人和小孩的低，同一个人情绪平静时的调值比情绪激动时低。

描写调值常用五度标记法。把一条竖线四等分，得到 5 个点，自下而上定为 5 度：1 度是低音，2 度是半低音，3 度是中音，4 度是半高音，5 度是高音。一个人所能发出的最低音是 1 度，最高音是 5 度，中间的音分别是 2 度、3 度和 4 度。一个音如果又高又平，就是由 5 度到 5 度，简称为 55，是个高平调；如果由最高降到最低，就是由 5 度降到 1 度，简称为 51，是个全降调。五度标记法如图 2.2 所示。

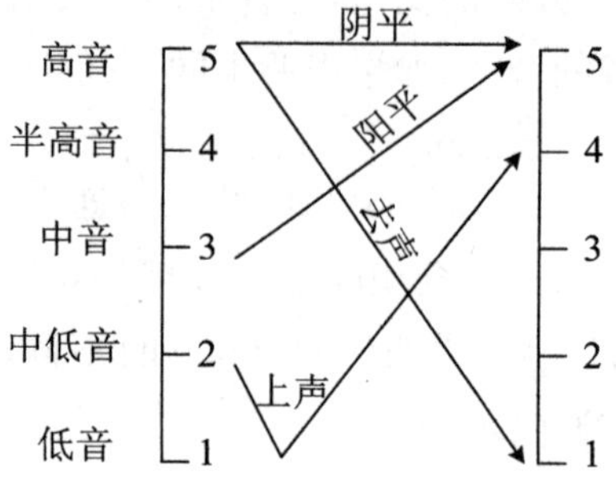

图 2.2 五度标记法

2. 调类

调类指声调的种类,把调值相同的字归纳在一起所建立的类。它是根据能区别意义的调值归纳出来的类,也就是相同调值的字归纳在一起所建立的类。

3. 调值和调类的关系

在同一种语言或同一种方言中,两者成简单的对应关系(图 2.3):调类相同,调值必然相同;反过来调值相同,调类也肯定相同。

在不同的语言或不同的方言中,两者关系错综复杂,调类相同,调值不一定相同;调值相同,而调类又不一定相同。

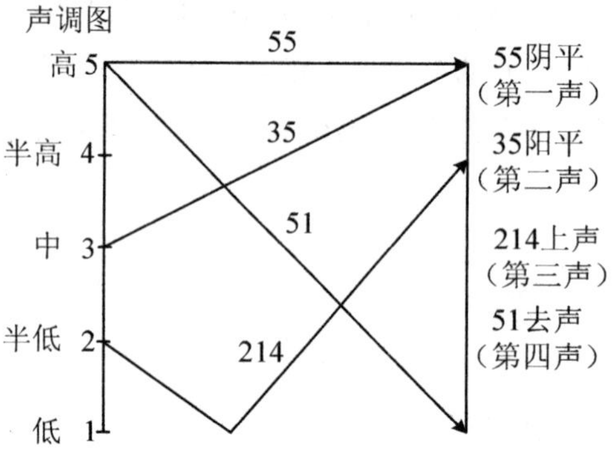

图 2.3 普通话的调类和调值

普通话有 4 个调类,上海话有 5 个调类,苏州话有 7 个调类,不同的方言有相同的调类名称,它们的实际发音可以各不相同。一种方言有几种不同的调值,就有几种调类,调类的多少是根据调值的种类归并的。

三、普通话的四种调类及其调值

1. 阴平

高而平,叫高平调。发音时由 5 度到 5 度,简称 55。调号为"一",也称一声,如图 2.4 所示。

例:春天　东方　青春　中央　播音　飞机　丰收　高升
江山多娇　居安思危　声东击西　挖空心思　青春光辉
春天花开　公司通知　新屋出租

2. 阳平

由中音升到高音,叫中升调。由 3 度到 5 度,简称 35。调号为“/”,也称二声,如图 2.5 所示。

例:儿童　文学　人民　黄河　芙蓉　诚实　才华　蝉联
达成　符合　文如其人　名存实亡　含糊其词　人民银行
连年和平　农民犁田

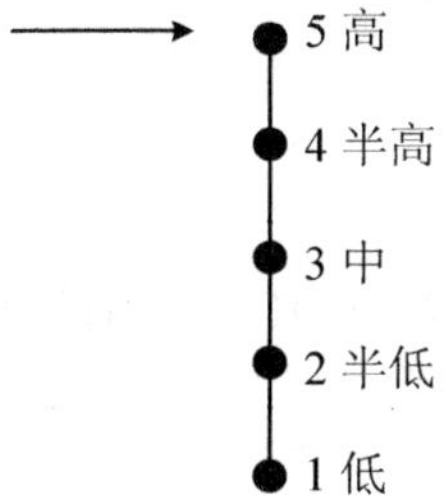

图 2.4　阴平

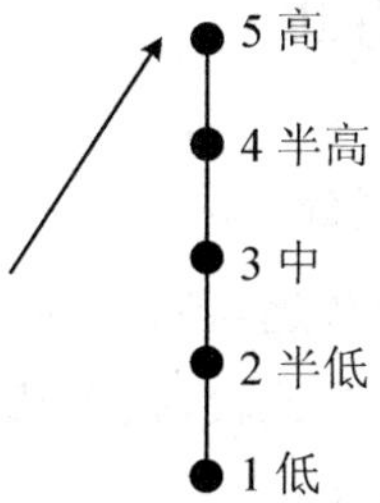

图 2.5　阳平

3. 上声

由半低音降到低音再升到半高音,叫降升调。由 2 度降到 1 度,再升到 4 度,简称 214。调号为“∨”,也称三声,如图 2.6 所示。

例:版本　矮小　笔法　彼此　砝码　讲演　野草　管理
粉笔　厂长　岂有此理　美好想法　产品展览　彼此理解
永远友好　理想美满

4. 去声

由高音降到低音,叫全降调。由 5 度到 1 度,简称 51。调号为“\”,也称四声,如图 2.7 所示。

例:暗淡　傲慢　霸道　备课　杜撰　动荡　泛滥　愤怒
撤换　背信　意气用事　见利忘义　自怨自艾　跃跃欲试
自作自受　下次注意　世界教育　报告胜利

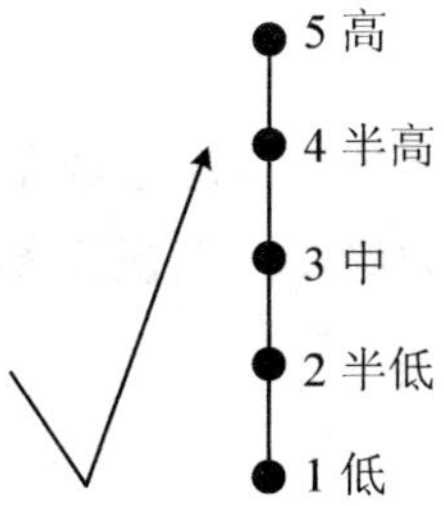

图 2.6　上声

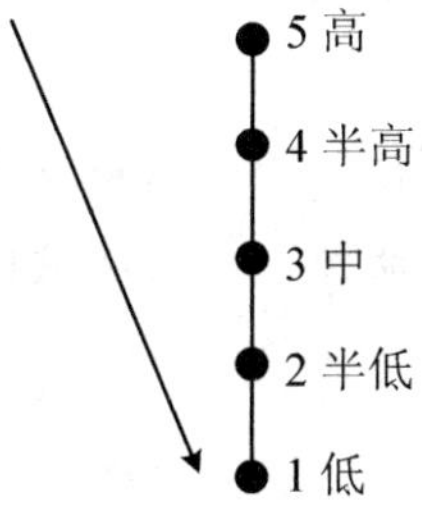

图 2.7　去声

普通话声调的调类和调值如表 2.8 所示。

表 2.8 声调的调类和调值综合表

调类	调值	调型	调号	例　字
阴平	55	高平	ˉ	咪 mī、身 shēn
阳平	35	中升	ˊ	迷 mí、神 shén
上声	214	降升	ˇ	米 mǐ、审 shěn
去声	51	全降	ˋ	密 mì、慎 shèn

四、声调辨正

1. 调类区分

汉语历史久远，各方言调类差别很大，其一调类数量不一，其二各调类收字有别，需要同普通话进行比较，找出其对应规律，向普通话看齐。

2. 调值改读

同一调类的字，在不同方言中读音调值不一致，同为上声，有读 214 的，有读 33 的，有读 35 的，要进行改读。

（1）阴阳上去四声字例：

阴阳上去　中国伟大　天才领袖　说学捧唱　天文景象
喝茶醒胃　吃鱼吐刺　坚持法制　非常喜爱　三条领带

（2）阴平字例：

中央空军　担心吃穿　资金输出　山东山西　周三开工
抽根香烟　天天插秧　鲜花歌声　苏州真丝　三星公司

（3）阳平字例：

流行寒流　农民学习　云南石油　桃红旗袍　哲学才能
前年完成　油田来人　衡量才能　谋求结盟　沉着弹琴

（4）上声字例：

展览场馆　洗洗小脸　美好理想　老鼠老虎　猛煮马肚
法语语法　整垮你我　胆敢眨眼　蒙古好酒　影响很小

（5）去声字例：

计划社会　数量变化　再次抗日　日夜做梦　注意现在
饭菜质量　历届会议　教育运动　重要会议　电视任务

五、声调练习

1. 声调训练要领

起音高高一路平，由中到高往上升，先降后升曲折型，高起猛降到底层。

2. 声调的标注顺序

ɑ、o、e、i、u、ü，标调依然按顺序，i、u 并列标在后，i 上标调把点抹，轻声不标就空着。

3. 普通话四声的调值练习

念下面的音节：

一	姨	乙	艺	yī yí yǐ yì
辉	回	毁	惠	huī huí huǐ huì
风	冯	讽	奉	fēng féng fěng fèng
飞	肥	匪	费	fēi féi fěi fèi
通	同	桶	痛	tōng tóng tǒng tòng
迂	于	雨	遇	yū yú yǔ yù

4. 按阴阳上去的顺序练习

念下面词语：

中华有志	zhōnghuáyǒuzhì	坚持改进	jiānchígǎijìn
中华伟大	zhōnghuáwěidà	千锤百炼	qiānchuíbǎiliàn
光明磊落	guāngmínglěiluò	花红柳绿	huāhóngliǔlǜ

5. 按去上阳阴的顺序练习

念下面词语：

破釜沉舟	pòfǔchénzhōu	调虎离山	diàohǔlíshān
弄巧成拙	nòngqiǎochéngzhuō	信以为真	xìnyǐwéizhēn
妙手回春	miàoshǒuhuíchūn	异口同声	yìkǒutóngshēng

6. 声调练习示例

(1) 阴平调练习。

春天开花　公司通知

(2) 阳平调练习。

河流长存　人民银行

(3) 上声调练习。

彼此理解　享有美满

(4) 去声调练习。

现在上课　创造利润

(5) 双音节词语的声调练习。

分工	招生	轮流	言行	转播	爬山	象征	外观
坦白	口才	访问	幻想	蓝天	左右	支持	来宾
统筹	反常	注意	批评	同乡	特征	驾驶	欢迎
敏捷	感受	购买	普通	指南	构思	自发	问题
指标	紧急	时光	航空	场面	调查	创举	宣传
记者	录音	统一	稿件	领会	每天	广西	并且

(6) 四声成语练习。

阶级友谊	工农子弟	中国伟大	山河美丽	身体强壮	光明磊落
心红胆壮	胸怀广阔	英雄好汉	千锤百炼	追求改变	积极苦干

第五节　音　　节

一、普通话音节的结构和特点

1. 音节是语音的基本结构单位

汉语一个音节由声母、韵母和声调三个组成部分(表 2.9)。如果再进行分析,还可以把韵母分成韵头、韵腹和韵尾三个部分。

表 2.9　音节结构表

音　节	声母	韵　母			声调
		韵头	韵腹	韵尾	
斗 dòu	d		o	u	去声
来 lái	l		a	i	阳平
血 xuè	x	ü	ê		去声
号 hào	h		a	o	去声
鬼 guǐ	g	u	e	i	上声
反 fǎn	f		a	n	上声
表 biǎo	b	i	a	o	上声
准 zhǔn	zh	u	e	n	上声
音 yīn			i	n	阴平
与 yú			ü		阳平

2. 普通话音节的结构特点

(1) 汉语音节必须有声调和韵腹。有些音节可以没有声母、韵头和韵尾,或者没有其中的一个或两个。

(2) 可以没有辅音。辅音可以在音节的开头或末尾出现，在音节末尾出现的辅音只限于 n 和 ng，没有两个辅音相连的音节。

(3) 元音在音节中占优势。一个音节总有元音，元音符号可以多至三个，并且必须连续出现，分别充当韵头、韵腹和韵尾。如果一个音节只有一个音素，那么这个音素除极个别外都是元音。

(4) 一个音节最多可以由四个音素构成。

由表可知，一个音节中必不可少的是声调和韵母中的韵腹，其他部分不一定齐全。作为韵头的元音音素只有 i、u、ü，作为韵尾的只有 i、o、u，iu、ui 和 un 只作为书写形式，分析时，仍以省写的 e 作为韵腹，iu 以 o 为韵腹。ü 和 ê 的符号在分析时仍按原元音音素书写，符号不能省略，以免和 u、e 相混。i、u、ü 零声母音节书写时采用的 y、w 一律不作音素处理。

二、普通话音节结构的规律

1. 音节的组成

音节是由声母、韵母和声调构成的，但并不是任意地拼合。声韵拼合后也不是各种声调都可以配合，它们的相互配合与语音的演变规律、语音内部的结构规律都有关系。

2. 声母和韵母的配合规律

表 2.10 所示为普通话声母和韵母的配合规律，由表可知：

(1) 普通话声母中只有 n 和 l 可以同四呼中任意一呼的韵母相拼。

(2) 撮口呼能相拼的声母最少，仅限于 j、q、x 和 n、l。

(3) 普通话韵母 ueng 不与所有辅音声母相拼。

表 2.10 普通话声韵配合简表

声　　母	开口呼	齐齿呼	合口呼	撮口呼
双唇音(b、p、m)	+	+	只跟 u 相拼	
唇齿音(f)	+		只跟 u 相拼	
舌尖前音(z、c、s)	+		+	
舌尖中音(d、t、n、l)	+	+	+	n、l 可以相拼
舌尖后音(zh、ch、sh、r)	+		+	
舌面音(j、q、x)		+		+
舌根音(g、k、h)	+		+	
零声母	+	+	+	+

三、声母、韵母和声调的配合规律

(1) 普通话里送气的塞音和塞擦音声调 p、t、k、q、ch、c 大多是阳平。

(2) 普通话里不送气的塞音和塞擦音 b、d、g、zh、j、z 同鼻音韵母相拼基本没有阳平调的字;同不带鼻音的韵母相拼时,则可以有阳平字,这些字来源于古入声字。

(3) 普通话里 m、n、l、r 四个浊音声母的阴平字很少,只是一些口语常用字。

四、音节的拼写规则

1. y、w 的使用

(1) 韵母表中 i 行的韵母,在零声母音节中,如果 i 后面还有别的元音,则把 i 改为 y。

ia→ya(牙)　ie→ye(野)　iao→yao(腰)　iou→you(优)

ian→yan(烟)　iang→yang(央)　iong→yong(雍)

如果 i 后面没有别的元音,则在 i 前面加上 y。

i→yi(衣)　in→yin(因)　ing→ying(英)

(2) 韵母表中 u 行的韵母,在零声母音节中,如果 u 后面还有别的元音,则把 u 改成 w。

ua→wa(蛙)　uo→wo(窝)　uai→wai(歪)　uei→wei(威)

uan→wan(弯)　uen→wen(温)　uang→wang(汪)　ueng→weng(翁)

如果 u 后面没有别的元音,则在 u 前面加上 w。

u→wu(乌)

(3) 韵母表中 ü 行的韵母,在零声母音节中,不论 ü 后面有没有别的元音,一律要在 ü 前面加 y。加 y 后,ü 上两点要省写。

ü→yu(迂)　üe→yue(约)　üan→yuan(冤)　ün→yun(晕)

y、w 是起隔音作用的字母。例如,把"大衣"二字连写成 dai,就会以为是一个音节 dai(呆)。用了 y,写成 dayi,音节的分界就分明了。例如:

xinying(新颖)—xining(西宁)　danwu(耽误)—danu(大怒)

上述零声母音节前头多少带有擦音,拼写形式以 y、w 开头,就接近实际读音。但要知道 y、w 不是声母,只是起隔音作用的字母。

2. 隔音符号的用法

a、o、e 开头的音节连接在其他音节后面的时候,如果音节的界限发生混淆,则要用隔音符号(')隔开。例如:

ku'ai(酷爱)——kuai(快)　shang'e 上腭——shange(山歌)

xi'an(西安)——xian(先)　dang'an(档案)——dangan(单干)

3. 省写

(1) 韵母 iou、uei、uen 的省写。《汉语拼音方案》在“韵母表”后面的说明中作了这样的规定：iou、uei、uen 前面加辅音声母的时候，写成 iu、ui、un。例如：

d—iōu→diū(丢)　　x—iōu→xiū(修)　　zh—uēi→zhuī(追)

g—uèi→guì(桂)　　c—uēn→cūn(村)　　t—uēn→tūn(吞)

iou、uei、uen 跟声母相拼之后，中间的元音 o 或 e(ê)有时变得不明显，实行省写，既能反映语音的实际情况，又能使拼式简短。

(2) ü 上两点的省略。ü 跟 n、l 以外的声母相拼时都省写两点。例如：

j—ǚ→jǔ(举)　　x—ǜ→xù(序)　　q—üè→què(却)

j—üé→jué(决)　　q—üán→quán(权)　　x—üān→xuān(宣)

j—ūn→jūn(军)　　q—ǘn→qún(群)

不能省写两点的，只限于韵母 ü 单独出现在声母 n、l 后面，因为如果省了，那么这些音节就会发生混淆。例如：

nǚ(女)—nǔ(努)　　lǘ(驴)—lú(炉)

lǚ(旅)—lǔ(鲁)　　lǜ(律)—lù(路)

4. 标调法

(1) 声调符号要标在韵腹上。

(2) iu 和 ui 这两个省写的韵母，标调标在后面的元音上。可以这样理解：iu 和 ui 分别是 i+ou 和 u+ei，省略的是“ou”的 o 和“ei”的 e，调号本应标在 o 和 e 上，由于这两个字母省去，所以标在了 u 和 i 上。

(3) 轻声不标调。

(4) 若在 i 上标调，则 i 上的小点要省去。

5. 音节连写和大写

(1) 连写：词内连写，词与词分写。

(2) 大写：

① 专有名词和专有短语的每个词开头的字母都要大写。例如：

Cáo Yìqí　　Wáng Lì　　Běijīng Dàxué

曹亦奇　　王力　　北京大学

② 标题中，每个词开头的字母要大写，也可以所有的字母都大写。

第六节　语 流 音 变

在连续的语流中，前后音节会互相影响，致使某些音节的音素或声调发生语音变化，这就是音变。语流音变是一种普遍现象,各种语言都存在,只是各有各的特点。普通话中语流音变主要有变调、轻声、儿化和语气助词“啊”字的变读等。

一、变调

音节和音节相连,声调相互影响制约,使一些音节原来的基本调值发生某些变化,这种声调变化的现象就叫变调。拼写音节时一般不标变调,只标原调,但读音要按变调规律读出变化以后的声调。

1. 上声的变调

单念或在词语的末尾时,上声字声调不变。在下列情况下,变成阳平或半上声。

(1) 两个上声相连,前一个上声调值变 35。在上声前:

水果　　了解　　领导　　演讲　　海里

海底　　海港　　手表　　古典　　美好

上声在由上声改读来的轻声字前,有的变成 35,有的变成 21。在轻声前:

捧起　　等等　　讲讲(35+轻声)

嫂子　　姐姐　　奶奶(变 21+轻声)

(2) 在非上声前(阴平、阳平、去声)的前面,调值由 214 变 21,在原为非上声改读轻声的字前面,变调情况相同。如:

上阴——百般　　火车　　警钟

上阳——祖国　　旅行　　导游

上去——讨论　　土地　　感谢

(3) 三个上声相连,既可第一音节变 21,第二音节变 35;也可第一、第二音节都变 35。当词语结构是“双单格”时,前两个音节变阳平。如:

展览馆　　手写体　　选举法　　洗脸水　　打靶场

管理组(35+35+214)

当词语结构是“单双格”时:开头音节处在被强调的逻辑重音时,读半上(211),中间音节变阳平(35)。如:

很勇敢　　小老虎　　党小组　　冷处理　　小两口

纸老虎　　小拇指　　老保守(21+35+214)

多个上声相连,可根据词语含义分组变调。快读时,除最后一个音节外,其余音节都可以变为 35。先要按语音停顿自然分节,然后按双音节、三音节的变调规律变读,停顿前的上声读“半上”,最后一个上声读原调。如:

① 请你把美好理想给领导讲讲。

② 请你给我打点洗脸水。

③ 请你给我买几把小雨伞。

④ 我很了解你。

⑤ 展览馆里有好儿百种展览品。

2. 去声的变调

两个去声相连，前一个如果不是重读音节，则变为“半降”，调值为 53。如：

信念　变化　办事　大会　现代　社会

互助　汉字　大地　贵重　奋斗　纪录

3. “一”“不”的变调

(1) “一”“不”单念或用在词句的末尾，以及“一”在序数中、表日期时，声调不变，读原调：“一”念阴平，“不”念去声。如：

一、二、三　十一　第一　不，偏不　你去不？

(2) 在去声前，一律变 35。如：

一样　一向　一度　一概　一共

不测　不错　不定　不是　不怕

(3) 在非去声(阴平、阳平、上声)前，都念去声。如：

一般　一边　一年　一端　一齐　一时　一早　一举

不好　不行　不白　不才　不比　不安　不单　不端

(4) 在相同的动词的中间，读轻声。如：

想一想　拖一拖　管一管　谈一谈　好不好　行不行

学不学　写不写　擦不擦

(5) “不”在可能补语中读轻声。如：

做不好　来不了　看不清　打不开

“一”“不”的变调，可用歌诀记忆：“一”的本调是阴平，非去声前变去声；去声前面变阳平，镶嵌词中读轻声；“不”读去声要记住，去声前面变 35。

注意：以上变调音节的注音一律标原调。

4. 形容词重叠的变调

(1) 单音节形容词重叠，若重叠部分儿化，则第二个音节不管原来是什么声调，都应念成阴平。例如：“短短儿的”变读为 duǎnduānrde，“快快儿”变读成 kuàikuāir；如果重叠部分不儿化，则保持原调不变。如：长长儿的、好好儿的、大大儿的。

(2) 双音节形容词重叠，有时第二个音节轻读，第三、第四个音节都念阴平。凡口头上常说的重叠形容词，不变调。如：

整整齐齐 zhěngzhěngqíqí——zhěngzhengqīqī

认认真真　老老实实　清清楚楚

(3) 单音节形容词的叠音后缀，不管它原来是什么声调，都念阴平。如：

亮堂堂 liàngtángtáng——liàngtāngtāng

热腾腾 rèténgténg——rètēngtēng

明晃晃的、直挺挺的、黑洞洞的。也有念原调的：软绵绵、金灿灿。

在汉语里，变调现象十分普遍，但是用汉语拼音方案拼写音节时，习惯上一般不标变调，而标原调。

二、轻声

1. 什么叫轻声

在普通话中，有些词或句子的音节常常失去它原有的声调而读成一个较轻较短的调子，这种音变就是轻声。轻声是一种语音弱化的现象。如：zuiba（嘴巴）读成 zuibe，erduo（耳朵）读成 erdo，shenme（什么）读成 shenm。

2. 轻声的性质

轻声音节的变化与语音的音强、音长、音高、音色都有关。一般情况是：在上声后，轻声音最高，阳平、阴平和去声依次降低。

（1）上声字＋轻声字→4（半高），如：里头、李子、躺下、铁的；

（2）阳平字＋轻声字→3（中调），如：石头、桃子、爬下、银的；

（3）阴平字＋轻声字→2（半低），如：跟头、柑子、蹲下、金的；

（4）去声字＋轻声字→1（低），如：木头、柿子、坐下、镍的。

轻声使词语的音色也产生变化，如：哥哥、耳朵、鼻子、豆腐变为浊塞音或使韵母脱落。

3. 轻声词的读法

轻声词的读法根据轻声前面一个字的调值确定。

（1）阴平、阳平、去声后的轻声音节，读短促的低降调，调值为 31。如：

她的　　妈妈　　先生（阴平）

行李　　咳嗽　　活泼（阳平）

谢谢　　客人　　困难（去声）

（2）上声后的轻声音节，读短促的半高平调，调值为 44。如：

喇叭　　马虎　　姐姐　　我的　　斧子　　耳朵

4. 轻声词的规律

（1）助词“的”“地”“得”“着”“了”“过”等。如：

红的　　领路的　　愉快地　　学得好　　唱着　　活了　　看过

（2）语气词“吧”“嘛”“呢”“呀”“啊”等。如：

算了吧　　放心吧　　好嘛　　来呀　　看呢　　是吗

（3）部分单纯词的叠音词和合成词中的重叠形式的后一音节。如：

猩猩　　饽饽（单纯词）

姐姐　　姥姥　　哥哥　　星星　　娃娃（称呼）

坐坐　　看看　　瞧瞧（动词）

(4) 构词后缀形式“子”“头”和表示群体的“们”等。如：

鸽子　燕子　辫子　石头　馒头　木头　我们　他们

你们　想头　骨头　来头　人们　学生们　同学们

充当实词素的“子”“头”仍读原调，如原子、孢子、男子。

(5) 名词、代词后面表示方位的语素或词。如：

马路上　脸上　山下　地底下　村子里　箱子里　前边

左边　外面　火车上面　家里　这里　那里　哪里

(6) 动词、形容词后面表示趋向的词“来”“去”“起来”“下去”等。如：

送来　进来　起来　过去　出去　上去

热起来　说出来　夺回来　冷下去　跑过去　挑回去

(7) 量词“个”常读轻声。如：

一个　五个　十来个

(8) 下面一些词语念轻声。

来来去去　打打闹闹　黑不溜秋　傻不愣登　糊里糊涂

啰哩啰嗦

(9) 有一些音节习惯性读轻声。如：

云彩　蘑菇　护士　事情　脑袋　胳膊　东西　买卖

窗户　算盘　消息　牡丹　体面　动静　应付　招呼

便宜　客气　扫帚　精神　喜鹊　风筝　亮堂　丈夫

相声　先生　关系　行李　包袱　漂亮　粮食　朋友

(10) 夹在动词中间的“一”字、动词与形容词中间的“不”字读轻声。如：

学一学　读一读　打不开　拿不动　分不清

5. 轻声的作用

(1) 区别意义：

孙子(重)——古代的军事家　孙子(轻)——儿子的儿子

老子(重)——古代的哲学家　老子(轻)——父亲

鸭头(重)——丫头(轻)　文字(重)——蚊子(轻)

东西(重)——东西(轻)　孢子(重)——包子(轻)

(2) 区别词性：

地道(重)——地下通道，名词　地道(轻)——纯正，形容词

买卖(重)——动词　买卖(轻)——名词

利害(重)——厉害(轻)　对头(重)——对头(轻)

(3) 区别结构：

打死(重)人——“打”与“死”构成动宾关系

打死(轻)人——“打死”与“人”构成动宾关系

想起来(重)——“想”与“起来”构成动宾关系

想起来(轻)——“想”与“起来”构成动补关系

(4) 增加节奏感:

爸爸　爷爷　奶奶　姐姐　看看　讲讲　坐坐　走走

三、儿化

1. 儿化的定义

儿化是指一个音节中,韵母带上卷舌色彩的一种特殊音变现象。这种卷舌化了的韵母就叫儿化韵。

2. 儿化的发音

儿化韵的发音主要看原音节韵母是否便于卷舌,卷舌很方便的,原韵母就不变,只加上卷舌动作;能卷舌,但不太便利,就稍变,迁就卷舌动作;不能卷舌的,变化较大,甚至去掉韵尾或改变整个韵母,以便于加卷舌动作。

(1) 韵母或尾音是 ɑ、o、e、ê、u 的,原韵母不变,只加卷舌动作。如:

ɑ　刀把儿 dāobàr　　号码儿 hàomǎr

o　粉末儿 fěnmòr　　大伙儿 dàhuǒr

e　纸盒儿 zhǐhér　　唱歌儿 chànggēr

ê　小街儿 xiǎojiēr　　主角儿 zhǔjuér

u　眼珠儿 yǎnzhūr　　小兔儿 xiǎotùr

(2) 韵母为 i、ü 的,儿化后在原韵母之后加上 er。如:

i　玩意儿 wányìer　　米粒儿 mǐlìer

ü　金鱼儿 jīnyúer　　有趣儿 yǒuqùer　　毛驴儿 máolǘer

(3) 韵母为—i 的,儿化后失去原韵母,加 er,韵腹是 e。如:

—i(前)　喜字儿 xǐzèr　　戏词儿 xìcér　　铁丝儿 tiěsēr

—i(后)　树枝儿 shùzhēr　　锯齿儿 jùchěr　　办事儿 bānshèr

(4) 韵尾为 i、n 的,儿化后丢掉韵尾加卷舌动作。但韵母 ui、in、un、ün 的韵尾,儿化后失掉韵尾 i、n,加 er,韵腹是 e。如:

i　一块儿 yíkuàr　　木牌儿 mùpár

(u)i　麦穗儿 màisuèr　　耳坠儿 ěrzhuèr

n　心眼儿 xīnyǎr　　拐弯儿 guǎiwār

(i)n　菜心儿 càixiēr　　使劲儿 shǐjièr

(u)n　冰棍儿 bīngguèr　　打滚儿 dǎguěr

(ü)n　红裙儿 hóngquér

(5) 韵尾为 ng 的,儿化后丢掉 ng,主要元音鼻化,同时加卷舌动作。但韵母 ing 的韵尾失掉后,须加鼻化的 er。如:

ng　帮忙儿 bāngmár　　蜜蜂儿 mìfēr

(i)ng　电影儿 diànyiěr　　打鸣儿 dǎmiér

3. 儿化的作用

儿化在有些词语里具有区别词性和词义的作用，有些儿化具有细小、轻微的意思，还有的表示说话人爱憎、敬贬的感情。

(1) 区别词性的作用。如：

盖(动词)——盖儿(名词)　　尖(形容词)——尖儿(名词)

破烂(形容词)——破烂儿(名词)　　亮(形容词)——亮儿(名词)

(2) 区别词义的作用。如：

头(脑袋)——头儿(领导、首领、一端)　　眼(眼睛)——眼儿(窟窿眼儿、小孔)

白面(面粉)——白面儿(白色粉末或毒品)　信(书信)——信儿(消息)

(3) 表示大小、爱憎或敬贬等多种感情色彩或语气。如：

小牛儿　小孩儿　宝贝儿　心尖儿　小草儿

小崽儿　门缝儿　有趣儿　小丑儿　小偷儿

(4) 北京话口语习惯的沿袭。如：

说哪儿去了，没边儿没沿儿的。

一大早儿就遛弯儿去了。

这天儿真好，明儿见。

四、语气词"啊"的音变

1. 作为叹词时

用在句前，独立于句子之外，念本音 a，可用不同的声调表达如喜悦、赞叹、惊疑等不同的情感。作为叹词时的声调变化如下：

(1) 读 ā 表示惊异或赞叹：

啊，原来如此。

啊，下雪啦！

(2) 读 á 表示追问或怀疑：

啊，你说什么？

啊，他真的谈恋爱了？

(3) 读 ǎ 表示惊疑或为难：

啊，这还不行吗？

啊，这可怎么办呢？

(4) 读 à 表示应诺或明白：

啊，我知道了。

啊，我说得不错吧！

2. 作为语气词时

用在句尾，可表示祈使、疑问、感叹等语气。其读音常受前一音节末尾音素影响而发生变化（表 2.11）。作为语气词时音变规律如下：

（1）"啊"前面一个音节最后一个音素是 i、ü、o、e、a、ê 的 i、ü、o、e、ě、a＋a，变读为 ya，书写为"呀"，如师弟呀、不去呀、婆婆呀、饿呀、大雪呀、苦瓜呀。

前一音节末尾音素：a o ei ü ê →ya（呀）。

（2）前面一个音节最后一个音素是 u 的 u（ao、iao）＋a，变读为 ua，书写为"哇"，如好哇、高哇、小哇。

前一音节末尾音素：u、ao、iao→wa（哇）。

（3）前面一个音节最后一个音素是 n 的 n＋a，变读为 na，书写为"哪"，如看哪、难哪。

前一音节末尾音素：n→na（哪）。

（4）前面一个音节最后一个音素是 ng 的 ng＋a，变读为 nga，书写为"啊"，如好香啊、党啊。

前一音节末尾音素：ng→nga（啊）。

（5）前面一个音节最后一个音素是－i（前）的—i 前＋a，变读为 za，书写为"啊"，如写字啊、老四啊。

前一音节末尾音素：－i（前）→za（啊）。

（6）前面一个音节最后一个音素是－i（后）的—i 后＋a，变读为 ra，书写为"啊"，如老师啊、好吃啊。

前一音节末尾音素：－i（后）er→ra（啊）。

表 2.11　啊字音变规律表

前一音节末尾音素	读音	写法	举　例
a、o、e、i、ü、ê	ya	呀	真多啊、快来啊
u、ao、iao	wa	哇	真巧啊
n	na	哪	小心啊
ng	nga	啊	好香啊
－i 前	za	啊	写字啊、几次啊
－i 后 er	ra	啊	可耻啊、儿啊

五、语流音变练习

1. 四声练习

（1）非上声前变半上，即调值由 214 变为 21。

① 在阴平前。如：

首都　北京　始终　普通　老师　小说　北方

② 在阳平前。如：

祖国　语言　旅行　改良　赶忙　感情　品格

③ 在去声前。如：

感谢　岗哨　翡翠　晚饭　朗诵　准确　草地

④ 在轻声前。如：

我的　打发　走着　暖和　口袋　伙计　老实

(2) 上声前面变阳平，调值由 214 变 35。如：

领导　勇敢　水果　选举　岛屿

把守　表演　采访　野草　美好

(3) 上声在由上声变来的轻声前面，有两种情况：

① 后字固定读轻声的，前字多读半上。如：

椅子　耳朵　马虎　姥姥　姐姐

② 后字可轻也可不轻或者重叠式动词，前字一般变阳平。如：

老鼠　想起　手里　走走　可以

(4) 三个上声相连：

① 双单格。如：

展览馆　管理组　打靶场　手写体　勇敢者　选举法

② 单双格。如：

好总理　纸老虎　海产品　党小组　冷处理　小两口

(5) 多个上声相连。如：

我有‖五把‖小雨伞。

请你‖整理好‖演讲稿。

手表厂‖有‖好几种‖产品。

2. "一""不"的变调

(1) 在去声音节前变阳平(35)。如：

一切　一半　一旦　一度　一概　一共

不是　不必　不变　不测　不错　不定

(2) 在非去声前读去声(51)：

① 阴平前。如：

一般　一边　一端　不安　不单　不端

② 阳平前。如：

一年　一齐　一时　不行　不白　不才

③ 上声前。如：

一早　不好　一举　不比　不敢　不等

（3）镶嵌词中变轻声。如：

看一看　想一想　听一听　学一学　写一写　擦一擦

看不看　想不想　听不听　学不学　写不写　擦不擦

3. 轻声练习

（1）轻声的规律：

① 表示方位。如：

北边　上面　里头　地下

② 叠音名词和动词。如：

妈妈　姥姥　跳跳　尝尝　练练

③ 结构助词、时态助词。如：

的　地　得　着　了　过

④ 语气助词。如：

啊　呀　吗　呢　啦　吧　哇

⑤ “子”“儿”“头”“么”作词缀和表示多数的“们”。如：

儿子　椅子　鸟儿　花儿　木头　看头　什么　他们

⑥ 口语中历史悠久的双音节词语。如：

萝卜　时候　告诉　行李　凉快　规矩

窗户　朋友　阔气　粮食　头发　先生

⑦ 量词“个”“些”常读轻声。如：

三个臭皮匠，顶个诸葛亮。

他险些丢了性命。

⑧ 动词后的介词“在”“到”一般读轻声。如：

记在心上　坐在椅子上　待在家里　住在北京

赶到车站　回到学校里　调到县城　寄到上海

⑨ 下列描摹某种状态的形容词的第二音节常读轻声：

糊里糊涂　粗声粗气　虎头虎脑　别里别扭　噼里啪啦

稀里哗啦　叽里呱啦　丁零当啷　黑不溜秋　白不呲咧

（2）轻声具有区别意义和词性的作用。下面各组词加点的是轻声：

① 摆设：摆设的东西，徒有其表面而无实用价值的东西。

摆设：把物品按照审美观点安放。

② 大方：不计较、不吝啬、不拘束、不俗气。

大方：专家、学者、内行人。

③ 地道：真正的、纯粹的、实在的。

地道：地下坑道。

④ 反正：副词。

反正：敌方的军队或人员投到己方。

⑤ 合计：盘算、商量。
合计：合在一起计算，总共。
⑥ 是非：口舌、纠纷。
是非：正确和错误。
⑦ 自在：安闲、舒适。
自在：自由，不受拘束。
⑧ 兄弟：指弟弟。
兄弟：指哥哥和弟弟。

(3) 轻声的调值：

① 阴平后的轻声念半低。如：

星星	窟窿	关系	差事	芝麻	玻璃	风气	规矩
张罗	冤枉	挑剔	折腾	舒服	生日	踏实	知道
衣服	精神	风筝	家伙	窗户	师傅	编辑	消息
兄弟	吆喝	疙瘩	答应	结巴	功夫	收拾	收成

② 阳平后的轻声念中调。如：

明白	便宜	得罪	名字	能耐	年月	麻烦	滑稽
学问	云彩	学生	裁缝	合同	眉毛	行李	程度
实在	琢磨	题目	模样	朋友	拾掇	防备	粮食
毛病	情形	时候	玫瑰	逻辑	糊涂	脾气	

③ 上声后的轻声念半高调。如：

尺寸	小心	整齐	点心	比方	打算	委屈	考虑
暖和	冷清	早晨	母亲	本事	眼睛	比试	耳朵
嘱咐	打发	打量	脑袋	女婿	小气	马虎	体面
稳当	老实	使唤	伙计	反正	好处	喜欢	牡丹

④ 去声后面的轻声念低调。如：

相声	故事	在乎	道理	太阳	味道	漂亮	丈夫
认识	阔气	厚道	奉承	利索	力气	势力	笑话
事情	外面	大意	大夫	父亲	态度	报酬	分量
凑合	伺候	困难	叫唤	价钱	热闹	意思	秀气

4. 儿化练习

包干儿	冰棍儿	差点儿	大伙儿	兜儿	干活儿	个儿
光棍儿	好好儿	好玩儿	画儿	活儿	金鱼儿	空儿
老头儿	聊天儿	没事儿	面条儿	墨水儿	纳闷儿	闹着玩儿
年头儿	纽扣儿	球儿	圈儿	玩儿	玩意儿	馅儿
小孩儿	心眼儿	烟卷儿	沿儿	一个劲儿	一会儿	一块儿
一下儿	一点儿	有点儿	这会儿	座儿	挨个儿	八哥儿

拔尖儿	白班儿	白醭儿	白干儿	摆摊儿	败家子儿	板擦儿
饱嗝儿	爆肚儿	被窝儿	奔头儿	鼻梁儿	病号儿	不得劲儿
岔道儿	唱片儿	串门儿	春卷儿	搭茬儿	打盹儿	打嗝儿
打鸣儿	打杂儿	单弦儿	旦角儿	刀把儿	刀片儿	调门儿
顶牛儿	顶事儿	豆腐干儿	豆角儿	豆芽儿	个头儿	够本儿
够劲儿	蝈蝈儿	开刃儿	坎肩儿	口哨儿	裤衩儿	裤兜儿
快板儿	老伴儿	老本儿	愣神儿	脸蛋儿	哪会儿	哪儿
纳闷儿	那么点儿	那儿	奶嘴儿	泥人儿	拈阄儿	藕节儿
胖墩儿	刨根儿	跑腿儿	铺盖卷儿	起名儿	枪子儿	巧劲儿
窍门儿	绕远儿	人儿	人影儿	人缘儿	嗓门儿	傻劲儿
扇面儿	收摊儿	说头儿	死扣儿	送信儿	蒜瓣儿	铜子儿
头头儿	透亮儿	围脖儿	围嘴儿	线轴儿	相片儿	小辫儿
小曲儿	烟嘴儿	沿边儿	腰板儿	咬字儿	爷们儿	一丁点儿
一溜儿	一顺儿	音儿	应名儿	影片儿	有门儿	杂拌儿
早早儿	掌勺儿	找碴儿	照面儿	照片儿	针鼻儿	中间儿
抓阄儿	爪儿	准儿	走道儿	走调儿	走神儿	走味儿
做活儿						

5. 语气词"啊"的音变

(1) 前面的音素是 i、ü、a、o(ao、iao 除外)、e、ê 时，读 ya。如：

你到哪去啊？

原来是他啊！

这可是他毕生的心血啊！

这个小孩儿真可爱啊！

(2) 前面的音素是 u(包括 ao、iao)时，读 wa。如：

您在哪住啊？

真可笑啊。

这棵树真高啊！

(3) 前面的音素是 n(前鼻音的韵尾)时，读 na。如：

好大的烟啊！

什么人啊！

这事情办得真冤啊！

(4) 前面的音素是 ng(后鼻音的韵尾)时，读 nga。如：

这有什么用啊！

真漂亮啊！

这木头真硬啊！

(5) 前面的音素是－i(后)时，读 ra。如：

这是一首多好听的诗啊！

你倒是快点吃啊！

多绿的树枝啊！

(6) 前面的音素是－i(前)时，读 za。如：

你来过几次啊？

多帅的字啊！

不要自私啊！

6. 绕口令练习

(1) 进了门儿，倒杯水儿，喝了两口运运气儿，顺手儿拿起小唱本儿，唱了一曲儿，又一曲儿，练完了嗓子我练嘴皮儿，绕口令儿，练字音儿，还有单弦儿，牌子曲儿，小快板儿，大鼓词儿，越说越唱我越带劲儿。

(2) 有一个小孩儿叫小兰儿，挑着水桶上庙台儿，摔了个跟头捡了个钱儿。又打醋又买盐儿，还买了一个小饭碗儿。小饭碗儿，真好玩儿，没有边儿没有沿儿，红花儿绿叶儿，镶金边儿，中间儿还有个小红点儿。

(3) 这些孩子啊，真是可爱啊！你看啊，他们多么高兴啊！又是作诗啊，又是朗诵啊，又画画儿啊，又剪纸啊，又是唱啊，又是跳啊！啊！他们多么幸福啊！

(4) 市场的货物真丰富：

鸡啊，鸭啊，鱼啊；

油啊，盐啊，糖啊；

肉啊，蛋啊，肠啊；

生的熟的应有尽有。

(5) 鸡啊，鸭啊，猫啊，狗啊；

一块儿进鸡窝啊！

牛啊，羊啊，马啊，骡啊；

一块儿水里游啊！

狼啊，虎啊，鼠啊，豹啊；

一块儿街上跑啊！

7. 普通话水平测试模拟练习

国家普通话水平测试练习卷(编号 1)

一、读单音节字词(100 个音节，共 10 分，限时 3.5 分钟)

渊	狭	筐	野	桃	窘	酸	忙	捅	淡	死	撞	汞	驼	偶	浓	宾
昂	鸟	昌	捆	弊	党	乎	盼	扔	流	最	秆	却	辉	彭	稳	枪
莫	揩	允	遮	穆	睬	谬	翁	府	洼	密	寡	椎	日	捐	垒	骗
雪	怪	砸	氢	钾	钱	内	粉	涉	直	宝	赛	铁	兽	欺	净	辰
郡	聊	次	盆	灯	而	充	筏	科	蜡	垂	边	柔	署	寒	绕	凝

脸 怀 丰 驴 修 蛹 破 走 廷 蹿 何 匠 须 烁 银

二、读多音节词语(100 个音节，共 20 分，限时 2.5 分钟)

创新 苍穹 闺女 胸骨 优良 没准儿 侵略 花瓶
另外 国王 麻烦 巍峨 妨害 送别 金丝猴 热爱
苗条 上来 夸张 水獭 顶牛儿 橡皮 调动 佛教
脑袋 遵循 万岁 坎肩儿 典雅 政策 品种 山川
全身 人群 迟到 婴儿 操纵 体育馆 会计 节约
无非 博士 恰如 做活儿 筹备 难免 宣布 自力更生

国家普通话水平测试练习卷(编号 2)

一、读单音节字词(100 个音节，共 10 分，限时 3.5 分钟)

族 瞟 谬 蕊 儿 颇 忙 许 艘 爽 荐 窄 攥 耍 陶 赏 擦
孔 忘 搏 舱 涌 踹 允 嫩 窘 如 谎 侵 底 腊 整 陈 搞
夺 返 尊 奉 憋 恰 推 盆 找 随 阔 肥 宣 娘 卵 钳 曰
弥 绢 条 挫 衰 懂 竹 劣 恩 剩 缓 赛 兵 雅 定 心 瓮
特 青 持 办 罚 日 黑 灌 总 哭 卧 死 趋 络 栽 雷 鸥
男 君 逾 构 撅 形 滚 袜 阁 蹬 河 遍 箱 词 搔

二、读多音节词语(100 个音节，共 20 分，限时 2.5 分钟)

党委 钢铁 奇怪 口哨儿 抓紧 恶化 功能 撇开
采访 效率 完全 墨汁儿 英雄 后悔 石油 从而
疟疾 下面 濒临 眉头 丢掉 专程 帮手 脚跟
战略 夸奖 做活儿 群体 评价 仙女 村子 状态
产品 桥梁 服务员 通讯 央求 怀念 佛典 古兰经
内容 打算 创造 号码儿 亏损 穷人 傲然 不可思议

国家普通话水平测试练习卷(编号 3)

一、读单音节字词(100 个音节，共 10 分，限时 3.5 分钟)

蕊 旗 脸 蛙 抗 瘾 耕 淮 周 龄 透 磁 饼 揉 猜 扰 哭
晒 东 铁 敷 谎 栓 穷 抓 详 退 坯 逛 举 雄 政 官 胁
黑 倦 苇 洽 赔 仓 愤 膜 取 槽 闰 国 吨 民 捉 爸 容
悦 灸 轰 描 秧 冷 田 影 捞 除 窍 怎 般 嗓 梅 波 承
师 谬 篇 峻 反 迪 允 赛 您 攥 扯 站 俄 镍 啃 杜 遵
案 狗 外 保 葬 盯 髓 拿 四 齿 帕 选 爵 耳 瞎

二、读多音节词语(100 个音节，共 20 分，限时 2.5 分钟)

创新 混合 镇压 存在 眯缝 难受 窘迫 惨死
平日 总归 你们 线圈 商品 篡夺 亏损 科学家

预防　群众　佛法　玩意儿　需求　告别　骆驼　利用
被窝儿　状况　丢掉　对偶　衰败　懊悔　能源　数量
搜查　瓜瓤儿　强化　功率　耽误　飞快　生产　教训
面条儿　了解　照射　虐待　主人翁　只好　儿童　情不自禁

国家普通话水平测试练习卷(编号4)

一、读单音节字词(100个音节,共10分,限时3.5分钟)

紧　泉　扰　恩　左　溶　坎　木　甩　徐　麦　焚　凑　腔　财　诸　蠢
面　所　成　千　誉　刷　体　囊　瘸　送　癣　棕　白　苍　拐　黄　搭
访　窝　鼠　娘　飘　丸　二　盆　抠　廖　推　月　泼　示　铡　扼　柳
个　袍　仗　邻　耗　虽　怎　逢　广　肩　妙　哑　丢　圣　船　笔　含
窘　循　热　他　喜　窗　窖　肘　位　凝　允　苏　日　垒　宅　猎　叮
末　此　钡　痰　捆　拥　季　碘　丝　恰　瓦　梢　拿　后　劫

二、读多音节词语(100个音节,共20分,限时2.5分钟)

仍旧　花样儿　开会　下去　僧尼　明年　嘟囔　英雄
鬼子　钢铁　状况　舞女　佛经　窈窕　深海　抓获
逗乐儿　贫穷　涅槃　柔软　福气　差别　懊恼　平均
红外线　疲倦　侵略　职工　顺手　波长　骆驼　干脆
小瓮儿　专门　两边　决心　不快　惨死　盗贼　幼儿园
尊重　亏损　合群儿　吃饭　魅力　国家　东欧　沙发
逃窜

国家普通话水平测试练习卷(编号5)

一、读单音节字词(100个音节,共10分,限时3.5分钟)

筐　扰　佯　寡　晒　等　条　欢　领　嗓　日　京　觅　焚　较　拈　束
鸟　钟　许　泪　熏　热　僧　脾　稻　儿　摸　傻　破　缠　外　规　蛋
昂　见　孔　欧　沁　抄　绵　矮　沉　辣　你　熔　滚　洁　娶　缀　馆
评　走　瞥　索　厢　允　坑　窘　内　团　汪　蚕　仿　瑟　缺　自　求
摆　达　宣　浑　远　锅　槐　充　某　拎　闭　五　恨　琼　挖　次　岭
鸭　逢　绺　迟　舱　杂　逗　虾　挪　部　排　杯　主　套　曰

二、读多音节词语(100个音节,共20分,限时2.5分钟)

民俗　而且　牛仔裤　佛寺　人群　蛾子　富翁　美女
细菌　燃料　胡同儿　村庄　作品　难怪　社会学　奠定
纪律　折腾　快要　宝塔　适用　照片　广博　掠夺
全局　辨证　范围　后跟儿　优良　从来　共鸣　完成
篡改　盘算　恰好　非法　刷新　灭火　春天　手绢儿

抓紧　创伤　可以　加强　小说儿　地质　脑袋　退让
英雄

国家普通话水平测试练习卷(编号 6)

一、读单音节字词(100 个音节,共 10 分,限时 3.5 分钟)

类　我　璧　罕　困　掳　庞　栓　盆　桌　允　春　曹　段　批　肺　因
肠　矮　刷　选　翁　底　钩　绢　灯　踹　妆　味　锁　穷　或　矩　募
广　囊　坑　齿　偏　迷　讽　字　氛　样　头　告　饱　群　窄　日　摸
疗　薛　妄　此　谬　嘴　乍　爹　南　跳　而　歉　歇　笨　缕　鹅　顷
俗　缰　达　算　班　惹　波　纳　甲　裴　虎　筐　您　窜　魂　洒　仍
松　拐　凝　卖　皇　收　雄　怎　淘　抓　洽　龄　朽　攫　迁

二、读多音节词语(100 个音节,共 20 分,限时 2.5 分钟)

典雅　窘迫　骆驼　权力　明年　没谱儿　黑暗　拥有
棉花　妇女　街坊　财产　饭盒儿　傍晚　人民　追随
生存　小巧　八卦　牛仔裤　太空　干脆　茧子　动员
文章　戏法儿　颓丧　正好　冠军　深层　铁丝　仇恨
柔软　夏季　虐待　衰老　偶尔　佛像　寻找　听众
肚脐儿　失去　王国　月亮　创作　商品　快乐　恳求
蛋白质

国家普通话水平测试练习卷(编号 7)

一、读单音节字词(100 个音节,共 10 分,限时 3.5 分钟)

匀　鸟　匣　攻　黏　体　材　若　雕　却　砖　磁　搜　短　洼　蜜　午
棍　本　内　窘　盆　鬃　吼　晶　狂　啐　徐　齿　状　我　麻　鲁　翔
怎　枪　拐　抓　塔　秦　闰　邱　粉　崩　阻　篇　隶　买　书　孽　咱
宣　笛　搬　简　乏　跌　嗓　二　旅　辈　昂　拨　陪　特　床　用　擦
雅　唯　日　曰　逃　坤　惩　改　凝　靠　裙　柳　黑　破　禹　鸥　害
盲　括　丝　仍　绢　顶　聊　碳　街　奉　帅　宠　策　飘　晋

二、读多音节词语(100 个音节,共 20 分,限时 2.5 分钟)

然而　痛快　牌楼　英雄　大量　起草　吹牛　收音机
品种　钢铁　比赛　上面　恰巧　穷苦　推算　躲闪
佛教　小葱儿　荒谬　军事　平原　褂子　随便　盗贼
政权　外在　蛋清儿　模型　方略　少女　眉头　衣服
如此　循环　科学　昨天　红娘　喇叭　价值　旺盛
纯真　唱歌儿　主人翁　恶化　亏损　火罐儿　挎包　安居乐业

国家普通话水平测试练习卷(编号8)

一、读单音节字词(100个音节,共10分,限时3.5分钟)

封 崖 九 客 推 踱 徐 信 裁 要 错 标 垒 捏 矩 歪 领
欧 鸟 前 越 僧 奖 敲 儿 氛 迭 硕 牢 疏 桂 麻 周 毒
胸 念 披 贼 起 棉 汪 尼 倦 夸 瘤 扑 狠 润 甜 纺 惯
垄 墙 颇 指 粪 砍 牛 愿 乳 革 窘 疤 死 旬 搬 簧 握
撅 庆 自 款 身 彻 躺 茶 乖 碳 绳 坏 窄 环 葬 吹 洒
鬓 底 运 峡 太 饶 梦 袄 困 苍 掉 齿 盆 灭 毁

二、读多音节词语(100个音节,共20分,限时2.5分钟)

超额 开水 定律 帮忙 特色 加油儿 妇女 繁杂
遭受 症状 侵略 休息 健全 亏本 肺活量 红军
完美 群众 随后 村民 石头 快速 佛典 照样
飘忽 穷人 层次 兴衰 融洽 创作 金子 虐待
动画片 为难 小瓮儿 理解 告别 打算 笔杆儿 应用
体温 宁肯 宣布 日夜 挂钩 冷暖 漫长 拍摄
耳膜儿

国家普通话水平测试练习卷(编号9)

一、读单音节字词(100个音节,共10分,限时3.5分钟)

崩 饷 攻 劳 凑 匹 捐 坎 蹲 女 恨 蹿 窍 飞 骗 封 攥
竹 苍 嚎 纱 您 吻 渠 狗 奎 署 踹 垒 阎 蒋 额 淡 房
拢 爵 猛 而 军 德 滥 亡 软 下 俗 瞥 禀 氏 窘 丢 捅
寻 贝 台 自 侵 入 凭 朵 条 诈 淮 棕 滑 状 插 有 龄
账 垮 摸 囊 招 晦 曳 恩 选 赛 鳖 阅 吹 忍 吃 涮 丝
破 轨 戏 谎 财 搞 掐 曼 歪 仍 砌 我 用 裹 抻

二、读多音节词语(100个音节,共20分,限时2.5分钟)

奶粉 在这儿 雄伟 婴儿 群众 电压 吵架 连续
枕头 新娘 航空 富翁 节日 上层 核算 大学生
名词 况且 抓阄儿 虐待 麻烦 追求 佛教 包子
原则 热量 农村 履行 骨髓 概括 拐弯儿 配套
玻璃 探索 创作 后跟儿 全体 春光 运动 神经质
昂首 衰变 诋毁 黑暗 挖苦 发票 贫穷 一目了然

国家普通话水平测试练习卷(编号10)

一、读单音节字词(100个音节,共10分,限时3.5分钟)

岳 抓 桃 水 淹 憾 辽 纳 昂 品 饭 美 侧 北 揭 拐 费
暖 外 盆 夏 秧 袍 鳃 磁 统 掠 蹿 廓 峰 急 蜕 漆 垂
份 卤 痘 欢 垦 掐 窘 拔 陇 椎 爽 蹬 贼 赣 舔 局 怎
挖 衡 死 娘 兽 友 凸 凝 杀 衔 光 去 孙 蹈 波 渴 鸥
庙 丢 日 膜 蔡 选 让 逼 袖 仓 尺 跌 绸 汝 雄 迈 领
贬 农 赠 原 均 我 平 准 群 抄 责 寨 秦 嘱 二

二、读多音节词语(100个音节,共20分,限时2.5分钟)

全身 断层 允许 障碍 小瓮儿 坏人 愉快 打算
来临 灭亡 仍然 虐待 方法论 挫折 压迫 至今
减轻 罪恶 脸盘儿 教训 签订 告诉 黑夜 唱歌儿
疲倦 电话 口吻 宾馆 物价 宫女 荒谬 思想
穷苦 挑剔 从容 侦查 作用 玩耍 窗子 给以
南半球 重量 蜜枣儿 摧毁 佛学 特别 命令 周而复始

第三章 朗读技巧和普通话水平测试朗读作品50篇

知识目标

1. 了解普通话水平测试“朗读”基本要求。
2. 了解普通话水平测试“朗读”的技巧。
3. 熟读普通话水平测试朗读作品50篇。
4. 掌握普通话水平测试“朗读”的考试技巧。

能力目标

提高口语表达能力，提高与人沟通的能力。

第一节 朗读技巧

一、朗读

1. 朗读的含义

朗读，就是朗声阅读，即用普通话把书面语言清晰、响亮、富有感情地读出来。它是把书面语言转化为发音规范的有声语言的一种再创造活动。

朗读是以声音形式来塑造各种形象、表情达意的口语表达艺术。通过朗读可以把文字透彻地表达出来，使书面、静态的字句充满立体动态感，因此朗读不仅体现为声音的艺术化，而且通过艺术化了的声音塑造出一个形象、生动、丰富的世界，或陶冶性情，开启真善之心；或引人颔首，深思人生哲理。从而达到朗读活动的最终目的。

朗读优秀的文章作品，不但可以促进语言规范化，使我们把普通话学得更好，感受、学习准确生动地运用语言的方法和积累词汇，提高理解和表达能力，还可以培养高雅的审美情趣和高尚的人文情怀。

因此，朗读要在深入分析理解作品的基础上，加深感受，产生真实的感情和鲜明的态度，然后通过富有感染力的声音，准确生动地再现作品的思想内容，加深听众对作品的理解，引起共鸣，激起感情，从而达到朗读的目的。

2. 朗读与朗诵

朗诵不同于朗读，朗读是用清晰、响亮的声音把文章读出来，以传达文章的思想内容。朗诵则是用清晰、响亮的声音把文章背出来，以传达文章的思想内容。可见，朗诵的要求比朗读高，它要求不看作品，面对观众，除运用声音外，还要借助眼神、手势等体态语帮助表达作品感情，引起听众共鸣。

朗诵常常伴随有手势、姿态等体态语，但朗诵时的姿态或手势不能过多。朗诵者直接交流的对象是听众，通过声音把感情传达给听众，引起听众共鸣，手势、姿态等只不过是帮助表达感情的辅助性工具。

二、朗读的基本要求

1. 发音准确，吐字清晰

发音准确是指熟练掌握普通话，做到发音时声母、韵母、声调准确到位，音节完整，读音正确。

吐字清晰，克服口齿不清、吐字含混，注意吐字归音的训练。

2. 语调自然，语句流畅

语调不可过于夸张，不可平直单调，还要注意克服方言语调。流畅是指语流通畅、连贯自然，不割裂语意，不结结巴巴，不丢字、添字，不颠倒重复。注意慢读快看的训练。

3. 速度快慢适中

朗读时速度过快，容易使自身反应不过来，出现“卡壳”、读破句，造成停连不当的错误。

三、把握朗读作品的基调

1. 阅读理解

熟悉作品，从理性上把握作品的思想内容和精神实质。只有透彻的理解，才能有深切的感受，才能准确地掌握作品的情调与节奏，正确地表现作品的思想感情。

第一，了解作者当时的思想和作品的时代背景。

第二，深刻理解作品的主题，这是深刻理解作品的关键。

第三，根据不同体裁作品的特点，熟悉作品的内容和结构。对于抒情性作品，应着重熟悉其抒情线索和感情格调。对于叙事作品，应着重熟悉作品的情节与人物性格。对于论述文，需要通过逐段分析理解，抓住中心论点和各分论点，明确文章的论据和论述方法，或者抓住文章的说明次序和说明方法。总之，只有掌握了不同作品的特点，熟悉了作品的具体内容，才能准确地把握不同的朗读方法。

2. 设计方案

在深刻理解作品内容的基础上，设计如何通过语音的具体形象把原作的思想感情表达出来。

第一，根据不同文体、不同题材、不同语言风格和不同听众对象等来确定朗读的基调。

第二，对整个作品的朗读方案应有总体考虑。例如，作品中写景的地方怎么读，作品的高潮在什么地方，怎么安排快慢、高低、重音和停顿等。

四、朗读技巧介绍

（一）停顿

1. 停顿的种类

朗读中的停顿，主要包括语法停顿、逻辑停顿和结构停顿三种。

(1) 语法停顿。语法停顿是句子中一般的间歇，反映句子语法关系和地位。平时所说的标点符号指的是标号和点号。点号包括句号、问号、叹号、逗号、顿号、分号、冒号七种。其停顿时间的长短一般是：句号（二拍）、问号（二拍）、叹号（一拍至二拍）＞分号（一拍半）＞冒号、逗号（一拍）＞顿号（半拍）。

例 1：美术课上，老师教同学们画风景，要画上树、房子和小山。（《蓝树叶》）

除了点号停顿以外，标号中的破折号、省略号、连接号、括号也有标示停顿的作用。破折号、省略号的停顿时间依句子的具体情况而定，一般为一拍、二拍和三拍。连接号和括号的停顿时间为一拍。

例 2：乌鸦听了狐狸的话，得意极了，就唱起歌来。“哇……”它刚一张嘴，肉就掉下来了。（《狐狸和乌鸦》）

例 3：那是一双很大的拖鞋——那么大，一向是她妈妈穿的。（《卖火柴的小女孩》）

(2) 逻辑停顿。句子中的语法停顿不能以标点符号为全部依据，有些句子没有标点符号，但根据表情达意的需要，也需要作些停顿，这就是逻辑停顿。逻辑停顿又叫作感情停顿或强调停顿。逻辑停顿是为了适应一定语言环境的需要，而在不是语法停顿的地方作适当停顿，或者在语法停顿的地方作时间上的变动，目的在于突出某一事物、某种感情或某个特定的语意。

例 1：圆圆的月亮像大玉盘似的挂在天空中。（《看月食》）

例 2：乌鸦看见旁边有许多小石子，想出办法来了。（《乌鸦喝水》）

(3) 结构停顿。结构停顿是段落层次间的停顿，是指每读完一个自然段以后停顿一下，以表示朗读的某一个意思到此告一段落。这种停顿的时间要长，一般以三拍为宜。段落层次之间停顿的时间长短，主要根据段落结构的情况而定。通常情况下是：段落＞

层次>句子，或者意义段>自然段>句子。

2. 停顿的处理

（1）句尾。句尾停顿前，声音要收住，然后有平稳的较长停顿。主要把握三点：

① 话将要说完时，气也将用完；话语声音停止，气息也呼出完毕。

② 收音音节要处于落势，有时，停前的整个词组都要下落。

③ 收要收住，急收或缓收，都要停住，不能失去控制。

例1：急收：狼不想再争辩了，龇着牙，逼近小羊……说着就往小羊身上扑去。（《狼和小羊》）

例2：缓收：小兴安岭一年四季景色诱人，是一座美丽的大花园，也是一座巨大的宝库。（《美丽的小兴安岭》）

（2）句中。有时也指一个小层次、一个段落。

① 停前扬收：扬收，要看停前的词、词组的轻重格式，末一个音节的声调调值，全句重音位置和全句语气，目的在于制造行进感。

② 停前徐收：在停前音节稍稍拖长的时候，有一种声断气连、藕断丝连之感。词尾如国家、祝福等，词头如轻快、美好等。徐收和扬收可并用，扬收音节也可同时徐收。

③ 停后缓起：停后开头的音节、词或词组，从容发声，缓缓出口，叫作缓起。缓起时，一般使用较低的声音，不但要把停前的“收”稳稳托住，而且要推动后面的词语。

④ 停后突起：停顿时急吸气，停后急发声、快吐字，叫作突起。它不论使用较高的声音还是较低的声音，都要改变停前的声音形式。

⑤ 停而紧连：句中虽有停顿，但需要紧连时，应缩短标点符号的停顿时间，甚至某些句子之间、段落之间也可以紧连。

例：草地上盛开了各种各样的野花，红的、白的、黄的、紫的，真像个美丽的大花坛。（《美丽的小兴安岭》）

⑥ 停而缓连：停顿是要有声音的空隙的。有时连接处可以吸气，有时停顿中可以屏息。

例：可是，瓶子里的水不多，瓶口又小，乌鸦喝不着水。怎么办呢？（《乌鸦喝水》）

（二）重音

作品中对表现内容、情节和表达思想情感有突出作用的音节叫重音，对表现内容、情节和表达思想感情起突出作用的句子叫重点句，为突出重点句的朗读叫作重音。重音是通过朗读的力度和速度并配以拖音实现的。

1. 重音的种类

重音分为语法重音和逻辑重音两类。在一定的语言环境里，语法重音要服从逻辑重音。

（1）语法重音。所谓语法重音，指的是根据词语在句子中所处的地位所确定的重音。

主语重音：

例：谁来放哨呢？（《一只小雁》）

谓语重音：

例：风停了，雨住了，太阳出来了。（《雷雨》）

定语重音：

例：不久，棉花姑娘的病好了，长出了碧绿碧绿的叶子，吐出了雪白雪白的棉花。（《棉花姑娘》）

状语重音：

例：它扎煞起全身的羽毛，绝望地尖叫着。（《麻雀》）

（2）逻辑重音。逻辑重音，又叫作强调重音或感情重音。它是根据一定的语言环境需要而临时确定的重音。有时候，甚至是同一个句子，在不同的语言环境和不同的感情支配下，就有不同的重音处理方法。

例：他喜欢打篮球

（谁喜欢打篮球？）他喜欢打篮球！

（他喜不喜欢打篮球？）他喜欢打篮球！

（他喜欢打篮球还是看篮球？）他喜欢打篮球。

（他喜欢打排球吧？）他喜欢打篮球！

2. 重音的处理

处理重音的办法主要有两种：重音重读和重音轻读，根据作品的思想内容和词语所处的语言环境来确定。

（1）重音重读。重音重读是指在朗读中对某个音节或某个句子成分以及某个句子加强语势，甚至拉长音节，给人以深刻的印象。

例1：过了好几天，这个蛋才慢慢裂开，钻出一只又大又丑的鸭子。他的毛灰灰的，嘴巴大大的，身子瘦瘦的，大家都叫他“丑小鸭”。（《丑小鸭》）

例2：先生既然救了我，就把好事做到底，让我吃了你吧！（《东郭先生和狼》）

例3：他慢慢地数：“一，二，三，四……”一边数一边用手打着拍子。（《夜莺之歌》）

（2）重音轻读。重音轻读是指在朗读时，用减轻读音力度和放轻朗读语气的方法来表现内容的情感特征。它的特点是语音轻淡、语势轻缓。轻读一般用于表现体贴、疼爱、留恋、怀念、怜悯等情绪或表达悲伤、沮丧、痛苦、惊恐等感情。

例1：人们还是面向灵车开去的方向，静静地站着，站着，好像在等待周总理回来。（《十里长街送总理》）

例2：她死了，在旧年的大年夜冻死了。新年的太阳升起来了，照在她小小的尸体上。小女孩坐在那儿，手里还捏着一把烧过了的火柴梗。（《卖火柴的小女孩》）

例3：“不，没有人！上帝，我为什么要这样做？……”（《穷人》）

（三）语气

语气由“语”和“气”合成。“语”，指有声语言，指通过声音表现出来的语句；“气”，指朗读时支撑有声语言的气息状态。

1. 语气的色彩

(1) 爱的感情一般是“气徐声柔”,有温和感。口腔松宽,气息深长。

(2) 恨的感情一般是“气足生硬”,有挤压感。口腔紧窄,发音器官紧张,气流不畅,语气急促生硬。

(3) 喜的感情一般是“气满声高”,有跳跃感。说话时声音脆亮,气息顺畅,音调高语速快,发声偏于口腔靠前部,语气欢快短促,声音甜润,给人以兴奋感。

(4) 悲的感情一般是“气沉声缓”,有阻滞感。气息沉重出声缓慢,说话时气息先而出声在后,气息阻滞声音,发声被气息隔断,给人以呜咽的感觉。

(5) 惧的感情一般是“气提声抖”,有衰竭感。说话时,发声迟疑,语流不顺,气息似积存于胸,出气强弱不匀。

(6) 急的感情一般是“气短声促”,有紧迫感。说话时,吐字弹射有力,气息急迫,出语停顿短暂,断断续续,给人以催促感。

(7) 冷的感情一般是“气少声平”,有冷寂感。口腔松懒,气息微弱。

(8) 怒的感情一般是“气粗声重”,有震慑感。说话时,发音力度加大,语势迅猛,气息粗重,纵放不收,语气粗重沉实。

(9) 疑的感情一般是“气细声缓”,有踟蹰感。说话时,气息似断又连,吐字迟缓,以降升调收尾,字尾拖长,给人以迟疑不定感。

2. 语调

朗读中的语调,表现为朗读时语句读音的升降曲直形势。朗读必须根据语言环境、人物性格、情感变化等需要,将读音的形势作适当的调配。

(1) 平直调。整个句子语气平直舒缓,语句从头到尾一直读平语音,使用中力度。一般性的说明和叙述,以及表达冷漠、悲痛、庄严的感情用平直调。

例:天快亮了,周总理走出人民大会堂。他又工作了整整一夜。(《温暖》)

(2) 升语调。语句的读音从低向高逐渐上升,力度从弱到强。升语调一般表示呼唤、祈使、疑问、反问、惊讶、惊异、愤怒、命令等语气或情感。

例 1:狼忙打招呼说:“好朋友! 为了我们的友情,帮帮忙吧!”(《会摇尾巴的狼》)

例 2:小猴子叫起来:“糟啦,糟啦! 月亮掉在井里啦!”

例 3:同志们! 为了党的事业,为了最后的胜利,冲呀!

(3) 降调。语句的读音由高向低逐渐下降,力度渐次减弱。降调一般表示赞扬、祝愿、坚决、自信或失望、悲伤等情感。有的语句被强调的重点在其开头部分,也用降调。

例:雨越下越大。往窗外望去,树哇,房子呀,都看不清了。(《雷雨》)

(4) 曲折调。语句读音高低和力度不定交变。曲折调一般表示惊讶、怀疑、讽刺、双关、犹疑等情感。它有两种形式,有的句子被突出强调的重点在其中间部位,故这部分内容的朗读力度要强,语音要高;有的语句被强调的重点在其两端,故两端的力度和读音要高。这两类语句的读音力度的趋势均呈高低曲折变化。

例 1:花喜鹊拍拍翅膀,说:“骄傲的孔雀,湖里的那只鸟就是你自己的影子呀! 你骄傲得连自己也看不起了!”(《骄傲的孔雀》)

例 2:一会儿细钩也不见了,整个月亮只留下个红铜色的圆影子,像一面锣。(《看月食》)

(四) 节奏

在朗读中,要立足作品的全篇和整体来把握语流速度,即节奏。节奏不仅包含抑扬顿挫和轻重缓急的变化,也包含声音行进、语言流动中的回环往复的变化。朗读中对语速的快慢起决定作用的因素依然是作品的内容和感情。

1. 根据内容确定朗读速度

(1) 一般来说,情绪紧张、热烈、激动、兴奋、愤怒、急躁、惊慌以及愤怒、斥责、申辩等内容,朗读的速度宜快。

例:水手们笑得更欢了,孩子却气得脸都红了。他脱了上衣,爬上桅杆去追猴子。他攀着绳子爬到第一根横木上,正要伸手去夺帽子,猴子比他更灵巧,转身抓着桅杆又往上爬。

“你逃不了!”孩子一边追一边喊。猴子还不时回过头来逗孩子生气。(《跳水》)

(2) 一般来说,叙述、写景、沉痛、悲伤、思念、自省、行动迟缓、气氛庄严、行为困苦或凄惨等内容,要读得慢一点。

例:桑娜把马灯举得更近些,不错,是西蒙。她头往后仰着,冰冷发青的脸上显出死的宁静,一只苍白僵硬的手,像要抓住什么东西似的,从稻草铺上垂下来。就在这死去的母亲旁边,睡着两个很小的孩子,都是卷头发,圆脸蛋,身上盖着旧衣服,蜷缩着身子,两个浅黄色的小脑袋紧紧地靠在一起。显然,母亲在临死的时候,拿自己的衣服盖在他们身上,还用旧头巾包住他们的小脚。(《穷人》)

2. 根据情感色彩确定朗读

(1) 一般来说,表达喜爱、兴奋、愉快、惊喜、威胁、恐吓、惊慌等情绪时要快读。

例 1:兔子吓了一跳,拔腿就跑。小猴儿看见了,问他为什么跑。兔子一边跑一边叫:“不好了,‘咕咚’可怕极了!”(《咕咚》)

例 2:狼气冲冲地说:“就算这样吧,你总是个坏家伙! 我听说,去年你在背地里说我的坏话!”(《狼和小羊》)

(2) 一般来说,表达畏惧、悲痛、祈求、悠然自得、思念、失望、犹豫、遗憾、惋惜、沮丧、懊悔、哀怜、蔑视、幽默讽刺等情感时要慢读。

例 1:青蛙说:“朋友,别说大话了! 天不过井口那么大,还用飞那么远吗?”……青蛙笑了,说:“朋友,我天天坐在井里,一抬头就看见天。我不会弄错的。”(《井底之蛙》)

例 2:小马吃惊地问:“水很深吗?”松鼠认真地说:“深得很哩! 昨天,我的一个伙伴就是掉在这条河里淹死的!”(《小马过河》)

此外,语速的快慢还与作品的体裁、人物的年龄性格等有关。诗歌与散文相比,诗歌的速度要慢一些。散文中，抒情散文比叙事散文的速度要慢一些。就人物的年龄和性格说，年轻人的话较快，老年人的话较慢，性格豪爽、作风泼辣的人话语较快，性格憨厚、作风懒散的人话语较慢。

3. 节奏的综合运用

朗读中，对于节奏的处理除了关注文中角色的情感、年龄以及作品的体裁外，有时也要整体把握作品以作特殊处理。如作品基调低沉的，不能一低到底，同样要表现出抑扬顿挫，尽量做到起伏有致。

例 1：天灰蒙蒙的，又阴又冷。长安街两旁的人行道上挤满了男女老少。路那样长，人那样多，向东望不见头，向西望不见尾。人们臂上都缠着黑纱，胸前都佩着白花，眼睛都望着周总理的灵车将要开来的方向。一位满头银发的老奶奶拄着拐杖，背靠着一棵洋槐树，焦急而又耐心地等待着。一对青年夫妇，丈夫抱着小女儿，妻子领着六七岁的儿子，他们挤下了人行道，探着身子张望。一群泪痕满面的红领巾，相互扶着肩，踮着脚望着，望着……

……

灵车缓缓地前进，牵动着千万人的心。许多人在人行道上追着灵车奔跑。人们多么希望车子能停下来，希望时间能停下来！可是灵车渐渐地远去了，最后消失在苍茫的夜色中了。人们还是面向灵车开去的方向，静静地站着，站着，好像在等待周总理回来。(《十里长街送总理》)

例 2：有一天，孔雀昂着头，挺着胸脯，拖着美丽的长尾巴，沿着湖边散步。树上的花喜鹊很有礼貌地向他问好，他理也不理。

忽然，孔雀发现湖里有一只鸟，跟他一模一样，也十分漂亮。他立刻停住脚步，展开尾巴。美丽的尾巴抖动着，像一把五彩洒金的大扇子。谁知湖里的那只鸟也停住脚步，展开尾巴。美丽的尾巴也抖动着，像一把五彩洒金的大扇子。

骄傲的孔雀有点儿生气了，他睁大了圆圆的眼睛，抖了抖头上的翎毛。湖里的那只鸟也睁大了圆圆的眼睛，抖了抖头上的翎毛。骄傲的孔雀可真生气了，他昂着头，挺着胸脯，向前迈了一大步，没想到一下子掉进湖里了。(《骄傲的孔雀》)

(五) 朗读技巧综合训练

1. 停顿训练

例 1：被你从你的公馆门口/一脚踢开的/那个讨钱的老太婆//现在怎么样了？(《竞选州长》)

例 2：始终微笑的和蔼的刘和珍君//确是//死掉了。(《纪念刘和珍君》)

例 3：桌子放在堂屋中央，系长桌帏，她还记得照旧去分配酒杯和筷子。“祥林嫂，你放着吧，我来摆。”四婶慌忙地说。她讪讪地缩了手，又去取烛台。“祥林嫂，你放着吧，我来拿。”四婶又慌忙地说。(《祝福》)

例 4：头上扎着白头绳，/乌裙，蓝夹袄，月白背心，//年纪大约二十六七，//脸色青黄，

但两颊却还是红的。(《祝福》)

2. 重音训练

汉语中的重音分词语重音和次重音两大类。

词语重音是比较固定的、有规律的。按读音轻重程度可分为轻、中、重三个等级。两个字的词语有“重轻”格式,如中国、安徽、玻璃、白菜、高度等,还有“中重”格式,如改革、红旗、人民等;三个字的词语只有“中轻重”一种格式,如北京站、辅导员、文化宫、国务院等;四个字的词语,其基本格式是“中轻中重”,如自力更生、天经地义、刻苦钻研等。

3. 句调训练

句调的升降,是指语调的高低抑扬变化。语调可分为四种:高升调、降抑调、平直调、曲折调。如:

① 这是一百万元。(一手交钱,一手交货,司空见惯)

② 这是一百万元!(强调金额很大)

③ 这是一百万元?(怀疑,不相信有这么多)

④ 这是一百万元?(惊讶,怎么这么多)

⑤ 这是一百万元?(喜悦,为一下子有这么多钱而高兴)

⑥ 这是一百万元!(后悔,不该错过赚大钱的机会)

语调的升降变化,在句末较为明显。

(1) 高升调:句子的语势由低到高。一般表示惊讶、疑问、反诘、呼唤、号召等。如:

① 近来你的学习成绩怎么下降了!

② 全世界无产阶级联合起来!

(2) 降抑调:句子的语势由高到低。一般表示肯定、感叹、恳求、自信、祝愿等。如:

① 我们的理想一定能实现。

② 请你帮我解决这个问题吧。

(3) 平直调:整个句子语势平稳舒展,没有明显的高低变化。一般用于陈述、说明、解释,表达严肃、庄重、平静、冷漠、悼念等。如:

① 我们面临着严峻的考验。

② 毛泽东永远活在我们心中。

(4) 曲折调:句子的语势曲折变化,有起有伏。一般用来表示夸张、讽刺、幽默等。如:

① 她太可爱了,连哭鼻子的样子也招人喜欢。

② 好个国民党的友邦人士!是些什么东西!

第二节 不同体裁作品的朗读

一、说明文朗读要领

1. 把握说明文的文体特点

说明文是介绍、说明工农业生产、科学技术研究和日常生活中事物的性质、特点及规律的文章，以说明为主要表达方式，语言特点是准确、简明、平实。说明文的种类有介绍性、记叙性、文艺性、实用性。

2. 明确说明文的朗读方法

（1）全面认识和理解所说明事物的本质特征，明白无误、质朴自然地恰当表达出来，总体基调平实；

（2）区别说明的种类，有针对性地确定朗读的基调和具体技巧；

（3）从整体和局部梳理和把握文章的逻辑层次，恰当地运用朗读的内部技巧和外部技巧；

（4）重点明确和准确运用语势、停顿、重音、节奏等技巧，显示文章的层次和事物的特征。

3. 以《蝉》为例，训练如何掌握说明文的朗读技巧

蝉/是非常喜欢音乐的。蝉的胸部/装着一个巨大的响板，能发出声音。装了这个巨大的响板，体内其他的器官/都没地方安置了，只好/挤到身体的角落里去。蝉/不惜缩小体内其他的器官来安置乐器，当然/是极嗜好音乐的了。

蝉/自鸣得意地奏音乐，究竟/为的什么呢？我这个蝉的老邻居至今/还没弄清楚。照/常情猜想，总以为/是在呼唤同伴吧。可是/事实证明，这个猜想/是错误的。

蝉/跟我比邻而居/差不多十五年了。每年夏天，将近两个月，蝉/总在我眼前，蝉的乐声/总在我耳边。我常常看见/一些蝉排列在树枝上，把吸管插到树皮里，动也不动地狂饮。夕阳西下，它们就沿着树枝/用又慢又稳的脚步走动，找温暖的地方过夜。无论/饮水的时候，走动的时候，它们/从没停止过演奏。

这样看来，蝉的乐声/一定不是呼唤同伴了。试想，同伴就在身旁，还用费整天整月的功夫/来呼唤吗？

照我想，蝉/这样兴高采烈地演奏，不过/是用强硬的方法强迫别人听它罢了。（《蝉》）

（1）语音提示：

蝉 chán　　　嗜好 shìhào　　　狂饮 kuángyǐn

强硬 qiángyìng

(2) 朗读提示：这是一篇知识小品（节选），它以生动风趣的笔调，详细地介绍了蝉的生活习性。读时要注意把重音放在说明知识的一些词语上。全文整体节奏：轻快；语势：平直、曲折调；语气：轻松风趣。

(3) 朗读具体指导与训练：

① 知识小品笔调生动、风趣，朗读重音要放在知识性词语上（重音、停顿如文中斜杠所示）。

② 第一节首句和末句，要读出轻松、风趣、讥讽语气，因为蝉没有听觉，根本谈不上喜欢音乐。

③ 第二节"究竟为的什么呢?"速度可稍快，语调上扬，急于得到答案；"至今"后稍顿，表现"我"长期观察却毫无结果的失望之情；"事实证明""错误"要重读，语气要肯定，使读者对否定"这个猜想"的事实产生兴趣。

④ 第三、第四、第五节重音、停顿如文中斜杠所示；描写蝉在树上活动情形的两句，速度要慢，突出饮水贪婪和走动缓慢；"无论""从没"重读语气要肯定，这是我长期观察到的结果。

⑤ 第四节"一定不是"语气肯定，末句反问语调上扬，加强肯定。

⑥ 第五节"我"重读，强调个人观点；"强迫""强硬"重读，语气流露出对蝉的厌恶情绪。

二、记叙文朗读要领

记叙文无论记人、记事、写景、状物，都要给人以启迪，却很少说教。朗读记叙文要注意以下四点：

(1) 既要抓住作品的发展线索，又要看作品的立意。

(2) 记叙文的语言细腻，其大量篇幅是叙述，朗读叙述语时，要注意把语句化开，防止吃字、滚字。而朗读描写语句，必须把生活图景真实地再现出来，不必由朗读者着意指出，忌故作多情，自我陶醉，不过多地使用长时间停顿、延长音节、拖长句尾等手法。

(3) 记叙文中常常有人物出现。在朗读时，一般以人物的精神境界、人物的思想深度为重点，也要照顾到人物的性格特征、年龄大小和人物之间的关系（包括与"我"的关系）。对于表现人物来说，一定不要模拟人物的音容笑貌、方言土语。

(4) 记叙文朗读时，声音要轻柔化。朗读中，要把自己的真实见闻和感受倾心相告，希望给人一点启发，不带任何强制性，在不露声色中给人以美的享受。

例：这一天，总理办公室通知我去中南海政务院。我走进总理的办公室。那是一间高大的宫殿式的房子，室内陈设极其简单，一张不大的写字台，两把小转椅，一盏台灯，如此而已。总理见了我，指着写字台上一尺来高的一叠文件，说："我今晚上要批这些文件。你们送来的稿子，我放在最后。你到隔壁值班室去睡一觉，到时候叫你。"

…………

在回来的路上，我不断地想，不断地对自己说："这就是我们的总理。我看见了他一夜的工作。他是多么劳苦，多么简朴！"（《一夜的工作》）

记叙文还可以分为通讯、散文、游记、回忆录等，朗读时也要加以区别。

三、议论文朗读要领

1. 把握议论文的文体特点

作者用明确的事实、严密的逻辑和有力的语言来阐述个人主张。议论文有三要素：论点、论据、论证。论证方法：举例、对比、列数据、引用等。文体特点：摆事实，讲道理；观点明确，是非清楚；感情浓重，情理并重；逻辑严密，层次清晰。

2. 明确议论文的朗读方法

（1）朗读议论文要清晰、自然、语义连贯；

（2）摆事实，讲道理，要读得明白无误，坚定有力；

（3）正反对比，要用不同语气表达出来；

（4）读出层次结构，注意停顿、重音、语速、音量；

（5）恰当运用语势、语调，感情饱满，爱憎分明。

3. 以下文为例，训练如何掌握议论文的朗读技巧

我们中国人/是有骨气的。

我国战国时代的孟子，有几句很好的话："富贵/不能淫，贫贱/不能移，威武/不能屈，此之谓/大丈夫。"意思是说，高官厚禄/收买不了，贫穷困苦/折磨不了，强暴武力/威胁不了，这样的人/才是了不起的人。这种人/古时候叫大丈夫，我们今天呢，叫作英雄气概，也叫作有骨气。

什么叫骨气，指的是/抱有正确、坚定的主张，始终如一的/勇敢的/为当时的进步事业服务，遭遇任何困难，都压不扁、折不弯，碰上狂风巨浪，能够顶得住，吓不倒，坚持斗争的人。

（1）语音提示：

淫 yín　　厚禄 lù　　折磨 zhémó　　威胁 wēixié

骨气 gǔqì　　扁 biǎn　　折 zhé

（2）朗读提示：这是一篇说理性杂文，作者用一无可辩驳的事实，论证了"中国人是有骨气的"这个论断是正确的。朗读时要态度鲜明，感情丰富，语调铿锵，声音有力。"中国人"后面作较长时间停顿，然后精神饱满地读"是有骨气的"，其中"骨气"重音重读。列举事实要读得明白晓畅，孟子的三句话要重读，注意节奏的缓急、音量的大小、停顿的急徐，表现出论证的逻辑层次。

(3) 朗读具体指导与训练：

① 朗读总体要领：a. 全文节奏：凝重高亢（严肃、庄重、自豪、坚定）；b. 全文语势：多扬升（反诘、号召）与降抑（肯定、坚决）；c. 用换气与停顿表现逻辑层次；d. 用语气、重音、语速的不同表现观点、感情。

② 朗读技巧提示：a. 说理性杂文，朗读要注意重音、停顿、节奏、语气，态度鲜明，感情丰富，语气铿锵，声音有力；b. 第一节是中心论点，“中国人”后面较长停顿，精神饱满地读“是有骨气的”，“骨气”重音重读；c. 第二节引用孟子的三句话解释“骨气”，语气要慷慨激昂。

四、寓言、童话、故事朗读要领

1. 寓言

寓言分一般寓言和童话寓言两种。它是用比喻、拟人、象征等含蓄手法写成的小故事。运用通俗、假托的小故事隐喻一定的道理，说明一个哲理性的主题，使读者从中受到启发和教育。其特点是语言含蓄，生动活泼，篇幅短小，情节紧凑，富于浪漫夸张，人或物的个性形象鲜明，感情外露明显，是非特点突出，说理具体深刻。朗读寓言，必须仔细分析寓言中每个字词的含义、人物的个性心理、故事的情节及其蕴含的哲理。人物的个性心理通过故事中人物的言行表现出来，寓言的哲理是通过故事中角色的愚行窘态展现出来的，在朗读中必须通过恰当的语调、否定的语气，淋漓尽致地加以表现。

例：古时候有个人，他巴望着自己田里的禾苗长得快些，就天天到田边去看。可是一天，两天，三天，禾苗好像一点儿也没有长高。他在田边焦急地转来转去，自言自语地说：“我得想个办法帮它们长。”

一天，他终于想出了办法，就急忙跑到田里，将禾苗一棵一棵往上拔，从中午一直忙到太阳落山，累得筋疲力尽。

回到家里，他一边喘着气一边说：“今天可把我累坏了！力气总算没白费，禾苗都长高了一大截。”

他的儿子不明白是怎么回事，第二天跑到田里一看，禾苗都枯死了。（《揠苗助长》）

2. 童话

童话是根据儿童特点，从儿童的心理状况出发，使用儿童语言，写给儿童的文学作品。按照内容形式，童话可分为三种：第一种是故事童话。它既有故事情节，又以童话的形式出现，其特点是借助人或动植物的思想或活动反映或宣传某种事物或道德。如《卖火柴的小女孩》《乌鸦喝水》《捞月亮》等；第二种是寓言童话。以童话的形式出现，其特点是依靠某假托体讲述一个故事，进而隐喻一个哲理。如《狐假虎威》《狐狸和乌鸦》等；第三种是科学童话。其特点是由动植物的发展变化，说明事物的成因、机理、本质属性，揭示自然奥秘，展示某种科学道理。如《小壁虎借尾巴》《植物妈妈有办法》等。

童话的朗读要体现儿童口吻，能唤起儿童新奇的情趣，以便使儿童的思维和情感顺利地进入到童话故事中去。要做到：

(1) 努力贴合儿童幼稚好奇的心理状态；

(2) 确定好褒贬对象，恰当地表现好立场的情感；

(3) 体现不同角色说话的音色特点。

例：小壁虎在墙角捉蚊子，一条蛇咬住了它的尾巴。小壁虎一挣，挣断尾巴逃走了。

没有尾巴多难看啊！小壁虎想去借一条尾巴。

小壁虎爬呀爬，爬到小河边。他看见小鱼在河里摇着尾巴游来游去。小壁虎说："小鱼姐姐，您的尾巴借给我行吗？"小鱼说："不行啊，我要用尾巴拨水呢。"小壁虎告别了小鱼，又向前爬去。

小壁虎爬呀爬，爬到大树上。他看见老黄牛在树下甩着尾巴吃草。小壁虎说："黄牛伯伯，您的尾巴借给我行吗？"老黄牛说："不行啊，我要用尾巴赶蝇子呢。"小壁虎告别了老黄牛，又向前爬去。

小壁虎爬呀爬，爬到屋檐下。他看见燕子在空中摆着尾巴飞来飞去。小壁虎说："燕子阿姨，您的尾巴借给我行吗？"燕子说："不行啊，我飞的时候，要用尾巴掌握方向呢。"

小壁虎借不到尾巴，心里很难过。他爬呀爬，爬回家里找妈妈。

…………（《小壁虎借尾巴》）

3. 故事

故事是通过深刻的主题，使读者从中受到潜在的情感教育。其朗读要注意以下四点：

(1) 把叙述事情发展的内容(叙述)与记载人物语言的内容(记言)使用不同的音高表现出来。一般来说，叙述的内容读音宜低，记言的内容读音宜高。

(2) 朗读不同人物的语言时，应根据具体情况，恰当地用高低语音将他们区分开来，以便让人清楚地意识到哪些话是甲说的，哪些话是乙说的，或者谁是正面人物，谁是反面人物。

(3) 根据故事情节，灵活调变朗读的语速。平静、平铺直叙的内容用中语速读；情节紧张的内容快读；情节沉缓的内容慢读。

(4) 调配好各种朗读的语气因素，使内容读得恰如其分、情真意切。

例：每天放学回家，牛顿就钻进屋子丁丁当当地忙个不停。过了些日子，一架小小的风车果然做成了，用扇子一扇，风车就吱吱地转起来。奶奶说："你的风车能磨面吗？"牛顿天真地说："能。"奶奶笑了。

第二天上学，牛顿把他那小小的风车带去，摆在课桌上。同学们都围上来看。牛顿得意地转着风车。大家也夸奖他做得好。正在这时候，同班的卡特大声说："牛顿，风车为什么会转，你能讲出道理来吗？"

"道理？"牛顿从没想过，做手工还要懂得道理。卡特看牛顿发愣了，笑着说："讲不出道理来，光会做有什么稀罕呢？真可笑！"同学中也迸发出一阵笑声。不知被谁一推，那架小风车掉在地上，摔坏了。

…………（《做风车的故事》）

五、诗歌朗读要领

1. 儿歌

儿歌是为儿童所欣赏和吟唱的一种简短的歌谣。大多数儿歌适合幼儿园和小学低年级阶段的儿童歌唱。朗读儿歌时应注意以下四点：

(1) 注意把握儿童心理，要有童心，能感受儿童的情思和情趣。

(2) 儿歌字节整齐，押韵，朗朗上口，易唱易记。朗读时要有强烈的音韵美和节奏感。

(3) 儿歌感情纯真，内容欢快明朗。朗读时语气中要带出快乐、轻松的情绪。

(4) 注意面部表情与手势的结合。

例 1：阳光照，鸟儿叫，
背起书包上学校。
见了老师开口笑：
"老师，您早！"
"老师，您好！"
老师夸我有礼貌。

例 2：人有两个宝，
双手和大脑。
双手会做工，
大脑会思考。
用手又用脑，
才能有创造。

2. 格律诗

(1) 格律诗的字数一定。注意文字语言中的标点符号同朗读时停顿的位置是一致的，不能显出字数似乎不同的样子来。

(2) 格律诗的语节一定。也就是说，在诗的格律要求上表现为各句中词的疏密度大体相近。从字数的角度看，七言绝句和七律的停顿规律一般是按"2、2、3"分节停顿，也有"4、3"的格式；五言绝句按"2、3"分节停顿。

(3) 格律诗的韵脚一定。在朗读时，出于音韵的需要，必须给韵脚以呼应，在韵脚不是重音的诗句中也要适当地比其他音节读得响亮些。

(4) 格律诗平仄一定。在朗读时，平仄相对应，语势变得更为错落有致，节奏抑扬回环更加鲜明。

(5) 语无定势。朗读时要表达丰富的感情、深邃的意境，不单调，不复沓，还须打破"一定"的局限。

例 1：白日依山尽，黄河入海流。欲穷千里目，更上一层楼。(《登鹳雀楼》)

例 2：好雨知时节，当春乃发生。随风潜入夜，润物细无声。(《春夜喜雨》)

例 3：朝辞白帝彩云间，千里江陵一日还。两岸猿声啼不住，轻舟已过万重山。（《早发白帝城》）

例 4：月落乌啼霜满天，江枫渔火对愁眠。姑苏城外寒山寺，夜半钟声到客船。（《枫桥夜泊》）

3. 现当代诗歌

现当代诗歌节律明显、抑扬顿挫、句式自由流畅，充分细致的、入情入理的朗读是现当代诗歌教学的一个重要环节。朗读方法如下：

（1）细致感知诗歌内容，体味诗歌内涵意境。

先整体感知诗歌内容，再来朗读，在分析诗歌思想内涵、表现手法之后，再巩固朗读。

（2）积极投入感情朗读，读出诗外之意。

情感是诗人创作的出发点，是沟通诗作、诗人、读者、听者之间的精神纽带。如果抽掉诗歌朗读中的情感要素，那么朗读就没有一点感染力，变得索然无味，听众的“赏听”期待将成为负值。

在诗歌朗读活动中投入的情感可细分为几个层面：一是对读诗有神圣感，认为这是崇高的精神活动，先要沉静下来，净化一下心灵；二是对诗人有亲近感，通过朗读走近诗人，仰慕诗人的心灵境界；三是对诗作产生共鸣，消除与诗作的情感隔阂、时代隔阂、空间隔阂。

例如，对戴望书《雨巷》“朦胧爱情”的体味，对徐志摩《再别康桥》的“绵绵别情”的感受，对艾青《大堰河——我的保姆》“赤子之情”的体验。朗读之前，先要入情入境，满含深情，情致高昂，必引人视听、夺人心魄。此时，朗读者和聆听者均能领悟、品味诗外之意，达到只可意会、不可言传之境地。

（3）仔细把握朗读节奏，体验诗歌的音韵美。

朗读的节奏大致包含语音高低、语调轻重、气息强弱、节奏快慢等内容，其中最重要的有两条，一是语音高低，二是节奏快慢。把握好了这些，抑扬顿挫自然发生，诗歌朗读的艺术效果也就自然发生。

例如，徐志摩《再别康桥》的平仄、音高抑扬顿挫的效果如下：

轻轻地 我 走了，
平平　 仄 仄
正 如 我 轻轻 地 来；
仄 平 仄 平平 　平

第一句先平后仄，后一句先仄后平，中间平仄互衬，细味之，一种浓浓的留恋眷顾之情环绕在轻重高低的平声仄语中。

再如，郭沫若《天上的街市》的语言节奏，读来朗朗上口，余音绕梁：

你看，/那浅浅的/天河，
定然是/不甚/宽广。
那/隔着河的/牛郎/织女，

定能够/骑着牛儿/来往。

其实,诗歌语言的节奏就是诗歌情感节奏的表现形式。诗人心旌飘荡,情动于中而言成于诗,诗语节奏映现着情感的节奏。朗读者激情满满、不能自已而吐纳珠玉之声,诗语节奏浑然天成。

(4) 认真做好各种标记,辅助提高朗读技巧。

培养学生现代诗歌朗读的技巧,可以将诗歌朗读训练直观化,将训练所得的方法、要领等外化于各种符号标记,这种最简便的训练方法,对学生来说也是最为有效的方法。

处理诗作文本的符号体系是简便易行的,只要稍微熟悉一下即可运用自如。下面用一些常见的符号举例说明:

① 升调(↗):谁主沉浮? ↗(响亮地提出问题)

② 降调(↘):冷漠,凄清,又惆怅。↘(情绪极为低落,压抑着声调)

③ 节奏(/):那/隔着河的/牛郎/织女,(娓娓道来的语气)

④ 稍停(‖):撑着油纸伞,独自‖(“独自”属跨行,即与本行相隔而与下一行相连)

⑤ 着重(.):一个丁香一样的姑娘。

⑥ 感叹(!):浪遏飞舟?!(名为质疑,实为坚决,加一感叹号表达斩钉截铁的气势)

⑦ 渐无(……):不带走一片云彩……(一是体现徐诗轻柔风格,二是与“悄悄地”呼应)

⑧ 声音的延续(——):大堰河——我的保姆(在呼唤中流露出深深的感激之情)

不过,给诗作配以各种标记不能只看重形式,更要看重过程,注重对文本的把握和处理,揣摩各种符号的合理运用,将隐藏在字里行间的情感生命和情感世界显性化、立体化。反之,以为眼花缭乱地画满符号就是大功告成,不计较对诗作的深层内蕴的正确理解和对诗作形式的合理把握,那就是事倍功半的训练,甚至是无效的训练。

六、散文朗读要领

散文,可以泛指韵文以外所有的文章,包括小说和议论文,但是也可以特指以抒发作者个人感受为主的文章。一般把后一类散文称为“抒情散文”。用作诵材的散文多半属于这一类。散文总是从作者主观视角来观察世界万物,从中有所感悟,于是有感而发,抒发自己的感想。读散文,听散文,似乎是跟着作者去看去想,最终和作者想到一块儿去。因为是一个看、想、感悟的过程,所以散文朗读的基调是平缓的,没有太大的起伏。即使是在作品的高潮,也不会像演讲那样异峰突起、慷慨激昂。在朗读时应用中等的速度、柔和的音色,一般用拉长而不用加重的方法来处理强调重音。

1. 把握散文的文体特点

形散神凝,抒情性强。

2. 朗读要求

朗读要有真情、激情,亲切、自然、朴实。

3. 以《春》为例,训练如何掌握散文的朗读技巧

《春》是一篇优美的散文,作者抓住了春天景物的主要特征,绘出了一幅幅动人的春景。文章处处充满着轻松、明快的气息,应带着欣喜的语气去读,语调上扬。整体节奏为轻快型,中间又有舒缓型交错,形成文章节奏回环往复的特点。

盼望着,盼望着,东风来了,春天的脚步近了。

这一段是对盼春的描写,是舒缓型节奏,为下文轻快型节奏作铺垫。此时春天尚未来临,人们热切地盼望它的到来。"盼望着,盼望着"这一反复手法的运用,将渴望的心情描写得淋漓尽致,朗读的时候要注意把握这两个小短句的层次性,中间不停顿,就情感而言,应一次比一次强烈,语调上扬。"东风来了"表明春天已近,"春天的脚步"后面用一个强调性停顿,拟人的手法表明春天确实到了,读出对春天到来的欣喜之情。

一切都像刚睡醒的样子,欣欣然张开了眼,山/朗润起来了,水/涨起来了,太阳的脸/红起来了。

这一段是对春天总体景象的勾勒,也是绘春的开始,应用轻快型节奏,程度稍轻,并逐渐递进。"刚睡醒""张开"为强调性重音,概括写出春回大地、万物复苏的动态景象。"朗润""涨""红"为强调性重音,具体写了春天"山""水""太阳"的动感和色彩。

小草/偷偷地从土里钻出来,嫩嫩的,绿绿的。园子里,田野里,瞧去,一大片一大片/满是的。坐着,躺着,打两个滚,踢几脚球,赛几趟跑,捉几回迷藏。风/轻悄悄地,草/软绵绵的。

绘春的第一个步骤是春草图,节奏为舒缓型与轻快型交错。"偷偷地""钻"为强调性重音,写出了春天小草顽强的生命力,又带着可爱的神态。"嫩嫩的""绿绿的"为比喻性重音,写出小草生长的清新、颜色的可爱。"一大片一大片满是的"的"满"读时气息饱满,体会小草迅速蔓延的情景。"坐着,躺着"是一组,中速,"打两个滚,踢几脚球,赛几趟跑,捉几回迷藏"是一组,节奏变得欢快了,读出人们在春景中尽情欢乐的情景。"风轻悄悄的,草软绵绵的",应放慢节奏,好像人们被这美好的春景陶醉了。

桃树、杏树、梨树,你不让我,我不让你,都开满了花赶趟儿。红的像火,粉的像霞,白的像雪。花里带着甜味儿;闭了眼,树上仿佛已经满是桃儿、杏儿、梨儿。花下成千成百的蜜蜂/嗡嗡地闹着,大小的蝴蝶飞来飞去。野花遍地是:杂样儿,有名字的,没名字的,散在草丛里像眼睛,像星星,还眨呀眨的。

绘春的第二个步骤是春花图,整段节奏为轻快型。"桃树、杏树、梨树,你不让我,我不让你,都开满了花赶趟儿。"拟人的写法,道出了春天蓬勃发展的力量,抓住拟人的双方加以强调,用轻快型节奏最合适不过。"红的像火,粉的像霞,白的像雪"中间不停顿,读出花儿闹春的气氛来。"满是""闹""飞来飞去",是联想到的图景,应把声音拉出去,把握住声音的虚实结合。最后又写春虫,把花香具体化,形象化了。"像眼睛,像星星",中间不停顿,突出了杂、多。野花本是静止的,作者化静为动,平添了几分情趣。

“吹面不寒杨柳风”，不错的，像母亲的手抚摸着你。风里带来些新翻的泥土的气息，混着青草味儿，还有各种花的香，都在微微润湿的空气里酝酿。鸟儿将巢安在繁花嫩叶当中，高兴起来了，呼朋引伴地卖弄清脆的喉咙，唱出宛转的曲子，跟轻风流水应和着。牛背上牧童的短笛，这时候也成天嘹亮地响着。

绘春的第三个步骤是春风图，节奏为轻快型中交织着舒缓型。风本无形，作者却用自己的笔抓住了春风中事物的特点，以此来描绘无形的春风。“抚摸”是触觉的感受，为重音轻读，读出春风的温柔。接下来一句，写了芳香、土气、青草，这是嗅觉的感受，用抒情的色彩，舒缓的语气读。接下来鸟语、笛韵互相应和，读时突出听觉方面的感受，要找到一种在远处听的感觉。

雨/是最寻常的，一下/就是三两天。可别恼。看，像牛毛，像花针，像细丝，密密地斜织着，人家屋顶上/全笼着一层薄烟。树叶儿/却绿得发亮，小草儿/也青得逼你的眼。傍晚时候，上灯了，一点点黄晕的光，烘托出/一片安静而和平的夜。在乡下，小路上，石桥边，有撑起伞/慢慢走着的人，地里还有/工作的农民，披着蓑/戴着笠。他们的房屋，稀稀疏疏的，在雨里静默着。

绘春的第四个步骤是春雨图，节奏为轻快型与舒缓型交错，为下一段作铺垫。“最寻常”强调春雨连绵不断。“别恼”是转折性重音，然后向你具体介绍春雨的特色。“像牛毛，像花针，像细丝”，三个比喻从小到大，声音的走势由低到高。读时用气声托出，体会烟雨迷蒙的那种情景。“绿”“逼”为情感性重音，写出雨中空气的清新。接着又展现出一幅雨夜图，节奏变得舒缓，“慢慢”“静默”应重音轻读，突出雨中人们的惬意。

天上风筝渐渐多了，地上孩子也多了。城里乡下，家家户户，老老小小，也赶趟儿似的，一个个都出来了。舒活舒活筋骨，抖擞抖擞精神，各做各的一份儿事去。“一年之计在于春”，刚起头儿，有的是工夫，有的是希望。

最后描绘的是迎春图，节奏为轻快型，程度稍中。两个“多”字，一个比一个读得重，传达出孩子们的无限喜悦。接下来写所有人的活动，节奏更加轻快了，春天给所有人带来了青春活力。两个“有的”重读，强调春天带给人们无限美好的希望。

春天像刚落地的娃娃，从头到脚都是新的，它生长着。

春天像小姑娘，花枝招展的，笑着，走着。

春天像健壮的青年，有铁一般的胳膊和腰脚，领着我们上/前/去。

这是文章的第三个部分——颂春，是在以上各段具体记述的基础上对春的歌颂，节奏为轻快型。三个排比句，概括春天的风貌，进一步点明题旨。语气色彩应是逐渐加重，程度依次为轻、中、重。“新的，它生长着”要模仿小孩，读得清脆；“笑着，走着”应该适当拉长，展现小姑娘的“花枝招展”；“上前去”应一字一顿，气息饱满，坚定有力，表达出自己要珍惜大好春光，努力“上前去”的心情。

第三节　普通话水平测试朗读作品50篇

一、《普通话水平测试用朗读作品》说明

(1) 50篇朗读作品供普通话水平测试第三项——朗读短文测试使用。

(2) 每篇作品采用汉字和汉语拼音对照的方式编排。

(3) 每篇作品在第400个音节后用“//”标注。测试时读到有“//”句子的末尾即可。

(4) “一”“不”和“啊”的注音按照在句子中的实际读法标注，如“一定”yídìng、“不对”búduì、“唱啊唱”chàngachàng。上声的注音只标本调，不标变调。

(5) 作品中的必读轻声音节，注音不标调号，比如“怎么”zěnme。一般轻读，偶尔(间或)重读的音节，标注调号，并在前面加一个圆点提示，比如“父亲”fù · qīn、“已经”yǐ · jīng。此类音节如重读则语感生硬、不自然，影响普通话的语音面貌，所以也要读轻声。

(6) 作品中儿化音节分两种情况。一是书面上有“儿”，注音时在基本形式后加r，如“小孩儿”，拼音为xiǎoháir；二是书面上没有“儿”，但口语中一般儿化的音节，注音时也在基本形式后加r，如“胡同”，拼音为hútòngr。

二、朗读作品50篇

[作品1号]

照北京的老规矩，春节差不多在腊月的初旬就开始了。“腊七腊八，冻死寒鸦”，这是一年里最冷的时候。在腊八这天，家家都熬腊八粥。粥是用各种米，各种豆，与各种干果熬成的。这不是粥，而是小型的农业展览会。

除此之外，这一天还要泡腊八蒜。把蒜瓣放进醋里，封起来，为过年吃饺子用。到年底，蒜泡得色如翡翠，醋也有了些辣味，色味双美，使人忍不住要多吃几个饺子。在北京，过年时，家家吃饺子。

孩子们准备过年，第一件大事就是买杂拌儿。这是用花生、胶枣、榛子、栗子等干果与蜜饯掺和成的。孩子们喜欢吃这些零七八碎儿。第二件大事是买爆竹，特别是男孩子们。恐怕第三件事才是买各种玩意儿——风筝、空竹、口琴等。

孩子们欢喜，大人们也忙乱。他们必须预备过年吃的、喝的、穿的、用的，好在新年时显出万象更新的气象。

腊月二十三过小年，差不多就是过春节的“彩排”。天一擦黑儿，鞭炮响起来，便有了

过年的味道。这一天,是要吃糖的,街上早有好多卖麦芽糖与江米糖的,糖形或为长方块或为瓜形,又甜又黏,小孩子们最喜欢。

过了二十三,大家更忙。必须大扫除一次,还要把肉、鸡、鱼、青菜、年糕什么的都预备充足——店//铺多数正月初一到初五关门,到正月初六才开张。

节选自老舍《北京的春节》

［作品 2 号］

盼望着,盼望着,东风来了,春天的脚步近了。

一切都像刚睡醒的样子,欣欣然张开了眼。山朗润起来了,水涨起来了,太阳的脸红起来了。

小草偷偷地从土里钻出来,嫩嫩的,绿绿的。园子里,田野里,瞧去,一大片一大片满是的。坐着,躺着,打两个滚,踢几脚球,赛几趟跑,捉几回迷藏。风轻悄悄的,草软绵绵的。

…………

“吹面不寒杨柳风”,不错的,像母亲的手抚摸着你。风里带来些新翻的泥土的气息,混着青草味儿,还有各种花的香,都在微微湿润的空气里酝酿。鸟儿将巢安在繁花绿叶当中,高兴起来了,呼朋引伴地卖弄清脆的喉咙,唱出宛转的曲子,跟轻风流水应和着。牛背上牧童的短笛,这时候也成天嘹亮地响着。

雨是最寻常的,一下就是三两天。可别恼。看,像牛毛,像花针,像细丝,密密地斜织着,人家屋顶上全笼着一层薄烟。树叶儿却绿得发亮,小草儿也青得逼你的眼。傍晚时候,上灯了,一点点黄晕的光,烘托出一片安静而和平的夜。在乡下,小路上,石桥边,有撑起伞慢慢走着的人,地里还有工作的农民,披着蓑戴着笠。他们的房屋,稀稀疏疏的,在雨里静默着。

天上风筝渐渐多了,地上孩子也多了。城里乡下,家家户户,老老小小,//也赶趟儿似的,一个个都出来了。舒活舒活筋骨,抖擞抖擞精神,各做各的一份儿事去。“一年之计在于春”,刚起头儿,有的是工夫,有的是希望。

春天像刚落地的娃娃,从头到脚都是新的,它生长着。

春天像小姑娘,花枝招展的,笑着,走着。

春天像健壮的青年,有铁一般的胳膊和腰脚,领着我们上前去。

节选自朱自清《春》

［作品 3 号］

燕子去了,有再来的时候;杨柳枯了,有再青的时候;桃花谢了,有再开的时候。但是,聪明的,你告诉我,我们的日子为什么一去不复返呢?——是有人偷了他们罢:那是谁?又藏在何处呢?是他们自己逃走了罢:现在又到了哪里呢?

去的尽管去了,来的尽管来着;去来的中间,又怎样地匆匆呢?早上我起来的时候,小屋里射进两三方斜斜的太阳。太阳他有脚啊，轻轻悄悄地挪移了；我也茫茫然跟着旋转。于是——洗手的时候，日子从水盆里过去；吃饭的时候，日子从饭碗里过去；默默时，便从凝然的双眼前过去。我觉察他去得匆匆了，伸出手遮挽时，他又从遮挽着的手边过去；天黑时，我躺在床上，他便伶伶俐俐地从我身上跨过，从我脚边飞去了。等我睁开眼和太阳再见，这算又溜走了一日。我掩着面叹息，但是新来的日子的影儿又开始在叹息里闪过了。

在逃去如飞的日子里，在千门万户的世界里的我能做些什么呢？只有徘徊罢了，只有匆匆罢了；在八千多日的匆匆里，除徘徊外，又剩些什么呢？过去的日子如轻烟，被微风吹散了，如薄雾，被初阳蒸融了；我留着些什么痕迹呢？我何曾留着像游丝样的痕迹呢？我赤裸裸//来到这世界，转眼间也将赤裸裸地回去吧？但不能平的，为什么偏白白走这一遭啊？

你聪明的，告诉我，我们的日子为什么一去不复返呢？

节选自朱自清《匆匆》

［作品 4 号］

有的人在工作、学习中缺乏耐性和韧性，他们一旦碰了钉子，走了弯路，就开始怀疑自己是否有研究才能。其实，我可以告诉大家，许多有名的科学家和作家，都是经过很多次失败，走过很多弯路才成功的。有人看见一个作家写出一本好小说，或者看见一个科学家发表几篇有分量的论文，便仰慕不已，很想自己能够信手拈来，妙手成章，一觉醒来，誉满天下。其实，成功的作品和论文只不过是作家、学者们整个创作和研究中的极小部分，甚至数量上还不及失败作品的十分之一。大家看到的只是他们成功的作品，而失败的作品是不会公开发表出来的。

要知道，一个科学家在攻克科学堡垒的长征中，失败的次数和经验，远比成功的经验要丰富、深刻得多。失败虽然不是什么令人快乐的事情，但也决不应该因此气馁。在进行研究时，研究方向不正确，走了些岔路，白费了许多精力，这也是常有的事。但不要紧，可以再调换方向进行研究。更重要的是要善于吸取失败的教训，总结已有的经验，再继续前进。

根据我自己的体会，所谓天才，就是坚持不断地努力。有些人也许觉得我在数学方面有什么天分，//其实从我身上是找不到这种天分的。我读小学时，因为成绩不好，没有拿到毕业证书，只拿到一张修业证书。初中一年级时，我的数学也是经过补考才及格的。但是说来奇怪，从初中二年级以后，我就发生了一个根本转变，因为我认识到既然我的资质差些，就应该多用点儿时间来学习。别人学一小时，我就学两小时，这样，我的数学成绩得以不断提高。

一直到现在我也贯彻这个原则：别人看一篇东西要三小时，我就花三个半小时。经过长期积累，就多少可以看出成绩来。并且在基本技巧烂熟之后，往往能够一个钟头就看懂一篇人家看十天半月也解不透的文章。所以，前一段时间的加倍努力，在后一段时间能收到预想不到的效果。

是的，聪明在于学习，天才在于积累。

节选自华罗庚《聪明在于学习，天才在于积累》

[作品5号]

去过故宫大修现场的人，就会发现这里和外面工地的劳作景象有个明显的区别：这里没有起重机，建筑材料都是以手推车的形式送往工地，遇到人力无法运送的木料时，工人们会使用百年不变的工具——滑轮组。故宫修缮，尊重着“四原”原则，即原材料、原工艺、原结构、原形制。在不影响体现传统工艺技术手法特点的地方，工匠可以用电动工具，比如开荒料、截头。大多数时候工匠都用传统工具：木匠画线用的是墨斗、画签、毛笔、方尺、杖竿、五尺；加工制作木构件使用的工具有锛、凿、斧、锯、刨等等。

最能体现大修难度的便是瓦作中“苫背”的环节。“苫背”是指在房顶做灰背的过程，它相当于为木建筑添上防水层。有句口诀是三浆三压，也就是上三遍石灰浆，然后再压上三遍。但这是个虚数。今天是晴天，干得快，三浆三压硬度就能符合要求，要是赶上阴天，说不定就要六浆六压。任何一个环节的疏漏都可能导致漏雨，而这对建筑的损坏是致命的。

“工”字早在殷墟甲骨卜辞中就已经出现过。《周官》与《春秋左传》记载周王朝与诸侯都设有掌管营造的机构。无数的名工巧匠为我们留下了那么多宏伟的建筑，但却//很少被列入史籍，扬名于后世。

匠人之所以称之为“匠”，其实不仅仅是因为他们拥有了某种娴熟的技能，毕竟技能还可以通过时间的累积“熟能生巧”，但蕴藏在“手艺”之上的那种对建筑本身的敬畏和热爱却需要从历史的长河中去寻觅。

将壮丽的紫禁城完好地交给未来，最能仰仗的便是这些默默奉献的匠人。故宫的修护注定是一场没有终点的接力，而他们就是最好的接力者。

节选自单霁翔《大匠无名》

[作品6号]

立春过后，大地渐渐从沉睡中苏醒过来。冰雪融化，草木萌发，各种花次第开放。再过两个月，燕子翩然归来。不久，布谷鸟也来了。于是转入炎热的夏季，这是植物孕育果实的时期。到了秋天，果实成熟，植物的叶子渐渐变黄，在秋风中簌簌地落下来。北雁南飞，活跃在田间草际的昆虫也都销声匿迹。到处呈现一片衰草连天的景象，准备迎接风雪载途的寒冬。在地球上温带和亚热带区域里，年年如是，周而复始。

几千年来，劳动人民注意了草木荣枯、候鸟去来等自然现象同气候的关系，据以安排农事。杏花开了，就好像大自然在传语要赶快耕地；桃花开了，又好像在暗示要赶快种谷子。布谷鸟开始唱歌，劳动人民懂得它在唱什么：“阿公阿婆，割麦插禾。”这样看来，花香鸟语，草长莺飞，都是大自然的语言。

这些自然现象，我国古代劳动人民称它为物候。物候知识在我国起源很早。古代流传下来的许多农谚就包含了丰富的物候知识。到了近代，利用物候知识来研究农业生产，已经发展为一门科学，就是物候学。物候学记录植物的生长荣枯，动物的养育往来，如桃花开、燕子来等自然现象，从而了解随着时节//推移的气候变化和这种变化对动植物的影响。

节选自竺可桢《大自然的语言》

[作品7号]

当高速列车从眼前呼啸而过时，那种转瞬即逝的感觉让人们不得不发问：高速列车跑得那么快，司机能看清路吗？

高速列车的速度非常快，最低时速标准是二百公里。且不说能见度低的雾霾天，就是晴空万里的大白天，即使是视力好的司机，也不能保证正确识别地面的信号。当肉眼看到前面有障碍时，已经来不及反应。

专家告诉我，目前，我国时速三百公里以上的高铁线路不设置信号机，高速列车不用看信号行车，而是通过列控系统自动识别前进方向。其工作流程为，由铁路专用的全球数字移动通信系统来实现数据传输，控制中心实时接收无线电波信号，由计算机自动排列出每趟列车的最佳运行速度和最小行车间隔距离，实现实时追踪控制，确保高速列车间隔合理地安全运行。当然，时速二百至二百五十公里的高铁线路，仍然设置信号灯控制装置，由传统的轨道电路进行信号传输。

中国自古就有“千里眼”的传说，今日高铁让古人的传说成为现实。

所谓“千里眼”，即高铁沿线的摄像头，几毫米见方的石子儿也逃不过它的法眼。通过摄像头实时采集沿线高速列车运行的信息，一旦//出现故障或者异物侵限，高铁调度指挥中心监控终端的界面上就会出现一个红色的框将目标锁定，同时，监控系统马上报警显示。调度指挥中心会迅速把指令传递给高速列车司机。

节选自王雄《当今的“千里眼”》

[作品8号]

从肇庆市驱车半小时左右，便到了东郊风景名胜鼎湖山。下了几天的小雨刚停，满山笼罩着轻纱似的薄雾。

过了寒翠桥，就听到淙淙的泉声。进山一看，草丛石缝，到处都涌流着清亮的泉水。草丰林茂，一路上泉水时隐时现，泉声不绝于耳。有时几股泉水交错流泻，遮断路面，我们得寻找着垫脚的石块跳跃着前进。愈往上走树愈密，绿阴愈浓。湿漉漉的绿叶，犹如大海的波浪，一层一层涌向山顶。泉水隐到了浓阴的深处，而泉声却更加清纯悦耳。忽然，云中传来钟声，顿时山鸣谷应，悠悠扬扬。安详厚重的钟声和欢快活泼的泉声，在雨后宁静的暮色中，汇成一片美妙的音响。

我们循着钟声，来到了半山腰的庆云寺。这是一座建于明代、规模宏大的岭南著名古刹。庭院里繁花似锦，古树参天。有一株与古刹同龄的茶花，还有两株从斯里兰卡引种的、有二百多年树龄的菩提树。我们决定就在这座寺院里借宿。

入夜，山中万籁俱寂，只有泉声一直传送到枕边。一路上听到的各种泉声，这时候躺在床上，可以用心细细地聆听、辨识、品味。那像小提琴一样轻柔的，是草丛中流淌的小溪的声音；那像琵琶一样清脆的，//是在石缝间跌落的涧水的声音；那像大提琴一样厚重回响的，是无数道细流汇聚于空谷的声音；那像铜管齐鸣一样雄浑磅礴的，是飞瀑急流跌入深潭的声音。还有一些泉声忽高忽低，忽急忽缓，忽清忽浊，忽扬忽抑，是泉水正在绕过树根，拍打卵石，穿越草丛，流连花间……

朦胧中，那滋润着鼎湖山万木，孕育出蓬勃生机的清泉，仿佛汩汩地流进了我的心田。

节选自谢大光《鼎湖山听泉》

［作品 9 号］

我常想读书人是世间幸福人，因为他除了拥有现实的世界之外，还拥有另一个更为浩瀚也更为丰富的世界。现实的世界是人人都有的，而后一个世界却为读书人所独有。由此我想，那些失去或不能阅读的人是多么的不幸，他们的丧失是不可补偿的。世间有诸多的不平等，财富的不平等，权力的不平等，而阅读能力的拥有或丧失却体现为精神的不平等。

一个人的一生，只能经历自己拥有的那一份欣悦，那一份苦难，也许再加上他亲自闻知的那一些关于自身以外的经历和经验。然而，人们通过阅读，却能进入不同时空的诸多他人的世界。这样，具有阅读能力的人，无形间获得了超越有限生命的无限可能性。阅读不仅使他多识了草木虫鱼之名，而且可以上溯远古下及未来，饱览存在的与非存在的奇风异俗。

更为重要的是，读书加惠于人们的不仅是知识的增广，而且还在于精神的感化与陶冶。人们从读书学做人，从那些往哲先贤以及当代才俊的著述中学得他们的人格。人们从《论语》中学得智慧的思考，从《史记》中学得严肃的历史精神，从《正气歌》中学得人格的刚烈，从马克思学得人世//的激情，从鲁迅学得批判精神，从托尔斯泰学得道德的执着。歌德的诗句刻写着睿智的人生，拜伦的诗句呼唤着奋斗的热情。一个读书人，一个有机会拥有超乎个人生命体验的幸运人。

节选自谢冕《读书人是幸福人》

［作品 10 号］

我爱月夜，但我也爱星天。从前在家乡七八月的夜晚在庭院里纳凉的时候，我最爱看天上密密麻麻的繁星。望着星天，我就会忘记一切，仿佛回到了母亲的怀里似的。

三年前在南京我住的地方有一道后门，每晚我打开后门，便看见一个静寂的夜。下面是一片菜园，上面是星群密布的蓝天。星光在我们的肉眼里虽然微小，然而它使我们觉得光明无处不在。那时候我正在读一些天文学的书，也认得一些星星，好像它们就是我的朋友，它们常常在和我谈话一样。

如今在海上，每晚和繁星相对，我把它们认得很熟了。我躺在舱面上，仰望天空。深蓝色的天空里悬着无数半明半昧的星。船在动，星也在动，它们是这样低，真是摇摇欲坠呢！渐渐地我的眼睛模糊了，我好像看见无数萤火虫在我的周围飞舞。海上的夜是柔和的，是静寂的，是梦幻的。我望着许多认识的星，我仿佛看见它们在对我眨眼，我仿佛听见它们在小声说话。这时我忘记了一切。在星的怀抱中我微笑着，我沉睡着。我觉得自己是一个小孩子，现在睡在母亲的怀里了。

有一夜，那个在哥伦波上船的英国人指给我看天上的巨人。他用手指着：//那四颗明亮的星是头，下面的几颗是身子，这几颗是手，那几颗是腿和脚，还有三颗星算是腰带。经他这一番指点，我果然看清楚了那个天上的巨人。看，那个巨人还在跑呢！

节选自巴金《繁星》

[作品 11 号]

钱塘江大潮，自古以来被称为天下奇观。

农历八月十八是一年一度的观潮日。这一天早上，我们来到了海宁市的盐官镇，据说这里是观潮最好的地方。我们随着观潮的人群，登上了海塘大堤。宽阔的钱塘江横卧在眼前。江面很平静，越往东越宽，在雨后的阳光下，笼罩着一层蒙蒙的薄雾。镇海古塔、中山亭和观潮台屹立在江边。远处，几座小山在云雾中若隐若现。江潮还没有来，海塘大堤上早已人山人海。大家昂首东望，等着，盼着。

午后一点左右，从远处传来隆隆的响声，好像闷雷滚动。顿时人声鼎沸，有人告诉我们，潮来了！我们踮着脚往东望去，江面还是风平浪静，看不出有什么变化。过了一会儿，响声越来越大，只见东边水天相接的地方出现了一条白线，人群又沸腾起来。

那条白线很快地向我们移来，逐渐拉长，变粗，横贯江面。再近些，只见白浪翻滚，形成一堵两丈多高的水墙。浪潮越来越近，犹如千万匹白色战马齐头并进，浩浩荡荡地飞奔而来；那声音如同山崩地裂，好像大地都被震得颤动起来。

霎时，潮头奔腾西去，可是余波还在漫天卷地般涌来，江面上依旧风号浪吼。过了好久，钱塘江才恢复了//平静。看看堤下，江水已经涨了两丈来高了。

节选自赵宗成、朱明元《观潮》

[作品 12 号]

我和几个孩子站在一片园子里，感受秋天的风。园子里长着几棵高大的梧桐树，我们的脚底下，铺了一层厚厚的梧桐叶。叶枯黄，脚踩在上面，嘎吱嘎吱脆响。风还在一个劲儿地刮，吹打着树上可怜的几片叶子，那上面，就快成光秃秃的了。

我给孩子们上写作课，让孩子们描摹这秋天的风。以为他们一定会说寒冷、残酷和荒凉之类的，结果却出乎我的意料。

一个孩子说，秋天的风，像把大剪刀，它剪呀剪的，就把树上的叶子全剪光了。

我赞许了这个比喻。有二月春风似剪刀之说，秋天的风，何尝不是一把剪刀呢？只不过，它剪出来的不是花红叶绿，而是败柳残荷。

剪完了，它让阳光来住，这个孩子突然接着说一句。他仰向我的小脸，被风吹着，像只通红的小苹果。我怔住，抬头看树，那上面，果真的，爬满阳光啊，每根枝条上都是。失与得，从来都是如此均衡，树在失去叶子的同时，却承接了满树的阳光。

一个孩子说，秋天的风，像个魔术师，它会变出好多好吃的，菱角呀，花生呀，苹果呀，葡萄呀。还有桂花，可以做桂花糕。我昨天吃了桂花糕，妈妈说，是风变出来的。

我笑了。小可爱，经你这么一说，秋天的风，还真是香的。我和孩//子们一起嗅，似乎就闻见了风的味道，像块蒸得热气腾腾的桂花糕。

节选自丁立梅《孩子和秋风》

［作品 13 号］

夕阳落山不久，西方的天空，还燃烧着一片橘红色的晚霞。大海，也被这霞光染成了红色，而且比天空的景色更要壮观。因为它是活动的，每当一排排波浪涌起的时候，那映照在浪峰上的霞光，又红又亮，简直就像一片片霍霍燃烧着的火焰，闪烁着，消失了。而后面的一排，又闪烁着，滚动着，涌了过来。

天空的霞光渐渐地淡下去了，深红的颜色变成了绯红，绯红又变为浅红。最后，当这一切红光都消失了的时候，那突然显得高而远了的天空，则呈现出一片肃穆的神色。最早出现的启明星，在这蓝色的天幕上闪烁起来了。它是那么大，那么亮，整个广漠的天幕上只有它在那里放射着令人注目的光辉，活像一盏悬挂在高空的明灯。

夜色加浓，苍空中的“明灯”越来越多了。而城市各处的真的灯火也次第亮了起来，尤其是围绕在海港周围山坡上的那一片灯光，从半空倒映在乌蓝的海面上，随着波浪，晃动着，闪烁着，像一串流动着的珍珠，和那一片片密布在苍穹里的星斗互相辉映，煞是好看。

在这幽美的夜色中，我踏着软绵绵的沙滩，沿着海边，慢慢地向前走去。海水，轻轻地抚摸着细软的沙滩，发出温柔的//刷刷声。晚来的海风，清新而又凉爽。我的心里，有着说不出的兴奋和愉快。

夜风轻飘飘地吹拂着，空气中飘荡着一种大海和田禾相混合的香味儿，柔软的沙滩上还残留着白天太阳炙晒的余温。那些在各个工作岗位上劳动了一天的人们，三三两两地来到这软绵绵的沙滩上，他们浴着凉爽的海风，望着那缀满了星星的夜空，尽情地说笑，尽情地休憩。

节选自峻青《海滨仲夏夜》

［作品 14 号］

生命在海洋里诞生绝不是偶然的，海洋的物理和化学性质，使它成为孕育原始生命的摇篮。

我们知道,水是生物的重要组成部分,许多动物组织的含水量在百分之八十以上,而一些海洋生物的含水量高达百分之九十五。水是新陈代谢的重要媒介,没有它,体内的一系列生理和生物化学反应就无法进行,生命也就停止。因此,在短时期内动物缺水要比缺少食物更加危险。水对今天的生命是如此重要,它对脆弱的原始生命,更是举足轻重了。生命在海洋里诞生,就不会有缺水之忧。

水是一种良好的溶剂。海洋中含有许多生命所必需的无机盐,如氯化钠、氯化钾、碳酸盐、磷酸盐,还有溶解氧,原始生命可以毫不费力地从中吸取它所需要的元素。

水具有很高的热容量,加之海洋浩大,任凭夏季烈日曝晒,冬季寒风扫荡,它的温度变化却比较小。因此,巨大的海洋就像是天然的"温箱",是孕育原始生命的温床。

阳光虽然为生命所必需,但是阳光中的紫外线却有扼杀原始生命的危险。水能有效地吸收紫外线,因而又为原始生命提供了天然的"屏障"。

这一切都是原始生命得以产生和发展的必要条件。//

节选自童裳亮《海洋与生命》

[作品 15 号]

在我国历史地理中,有三大都城密集区,它们是:关中盆地、洛阳盆地、北京小平原。其中每一个地区都曾诞生过四个以上大型王朝的都城。而关中盆地、洛阳盆地是前朝历史的两个都城密集区,正是它们构成了早期文明核心地带中最重要的内容。

为什么这个地带会成为华夏文明最先进的地区?这主要是由两个方面的条件促成的,一个是自然环境方面的,一个是人文环境方面的。

在自然环境方面,这里是我国温带季风气候带的南部,降雨、气温、土壤等条件都可以满足旱作农业的需求。中国北方的古代农作物,主要是一年生的粟和黍。黄河中下游的自然环境为粟黍作物的种植和高产提供了得天独厚的条件。农业生产的发达,会促进整个社会经济的发展,从而推动社会的进步。

在人文环境方面,这里是南北方、东西方大交流的轴心地区。在最早的六大新石器文化分布形势图中可以看到,中原处于这些文化分布的中央地带。无论是考古发现还是历史传说,都有南北文化长距离交流、东西文化相互碰撞的证据。中原地区在空间上恰恰位居中心,成为信息最发达、眼界最宽广、活动最//繁忙、竞争最激烈的地方。正是这些活动,推动了各项人文事务的发展,文明的方方面面就是在处理各类事务的过程中被开创出来的。

节选自唐晓峰《华夏文明的发展与融合》

[作品 16 号]

于很多中国人而言,火车就是故乡。在中国人的心中,故乡的地位尤为重要,老家的意义非同寻常,所以,即便是坐过无数次火车,但印象最深刻的,或许还是返乡那一趟车。

那一列列返乡的火车所停靠的站台边，熙攘的人流中，匆忙的脚步里，张望的目光下，涌动着的都是思乡的情绪。每一次看见返乡那趟火车，总觉得是那样可爱与亲切，仿佛看见了千里之外的故乡。上火车后，车启动的一刹那，在车轮与铁轨碰撞的"况且"声中，思乡的情绪便陡然在车厢里弥漫开来。你知道，它将驶向的，是你最熟悉也最温暖的故乡。再过几个或者十几个小时，你就会回到故乡的怀抱。这般感受，相信在很多人的身上都曾发生过。尤其在春节、中秋等传统节日到来之际，亲人团聚的时刻，更为强烈。

火车是故乡，火车也是远方。速度的提升，铁路的延伸，让人们通过火车实现了向远方自由流动的梦想。今天的中国老百姓，坐着火车，可以去往九百六十多万平方公里土地上的天南地北，来到祖国东部的平原，到达祖国南方的海边，走进祖国西部的沙漠，踏上祖国北方的草原，去观三山五岳，去看大江大河……

火车与空//间有着密切的联系，与时间的关系也让人觉得颇有意思。那长长的车厢，仿佛一头连着中国的过去，一头连着中国的未来。

节选自舒翼《记忆像铁轨一样长》

[作品 17 号]

奶奶给我讲过这样一件事：有一次她去商店，走在她前面的一位阿姨推开沉重的大门，一直等到她跟上来才松开手。当奶奶向她道谢的时候，那位阿姨轻轻地说："我的妈妈和您的年龄差不多，我希望她遇到这种时候，也有人为她开门。"听了这件事，我的心温暖了许久。

一天，我陪患病的母亲去医院输液，年轻的护士为母亲扎了两针也没有扎进血管里，眼见针眼处鼓起青包。我正要抱怨几句，一抬头看见了母亲平静的眼神——她正在注视着护士额头上密密的汗珠，我不禁收住了涌到嘴边的话。只见母亲轻轻地对护士说："不要紧，再来一次！"第三针果然成功了。那位护士终于长出了一口气，她连声说："阿姨，真对不起。我是来实习的，这是我第一次给病人扎针，太紧张了。要不是您的鼓励，我真不敢给您扎了。"母亲用另一只手拉着我，平静地对护士说："这是我的女儿，和你差不多大小，正在医科大学读书，她也将面对自己的第一个患者。我真希望她第一次扎针的时候，也能得到患者的宽容和鼓励。"听了母亲的话，我的心里充满了温暖与幸福。

是啊，如果我们在生活中能将心比心，就会对老人生出一份//尊重，对孩子增加一份关爱，就会使人与人之间多一些宽容和理解。

节选自姜桂华《将心比心》

[作品 18 号]

晋祠之美，在山，在树，在水。

这里的山，巍巍的，有如一道屏障；长长的，又如伸开的两臂，将晋祠拥在怀中。春日黄花满山，径幽香远；秋来草木萧疏，天高水清。无论什么时候拾级登山都会心旷神怡。

这里的树，以古老苍劲见长。有两棵老树：一棵是周柏，另一棵是唐槐。那周柏，树干劲直，树皮皴裂，顶上挑着几根青青的疏枝，偃卧于石阶旁。那唐槐，老干粗大，虬枝盘屈，一簇簇柔条，绿叶如盖。还有水边殿外的松柏槐柳，无不显出苍劲的风骨。以造型奇特见长的，有的偃如老妪负水，有的挺如壮士托天，不一而足。圣母殿前的左扭柏，拔地而起，直冲云霄，它的树皮上的纹理一齐向左边拧去，一圈一圈，纹丝不乱，像地下旋起了一股烟，又似天上垂下了一根绳。晋祠在古木的荫护下，显得分外幽静、典雅。

这里的水，多、清、静、柔。在园里信步，但见这里一泓深潭，那里一条小渠。桥下有河，亭中有井，路边有溪。石间细流脉脉，如线如缕；林中碧波闪闪，如锦如缎。这些水都来自"难老泉"。泉上有亭，亭上悬挂着清代著名学者傅山写的"难老泉"三个字。这么多的水长流不息，日日夜夜发出叮叮咚咚的响声。水的清澈真令人叫绝，无论//多深的水，只要光线好，游鱼碎石，历历可见。水的流势都不大，清清的微波，将长长的草蔓拉成一缕缕的丝，铺在河底，挂在岸边，合着那些金鱼、青苔以及石栏的倒影，织成一条条大飘带，穿亭绕榭，冉冉不绝。当年李白来到这里，曾赞叹说："晋祠流水如碧玉。"当你沿着流水去观赏那亭台楼阁时，也许会这样问：这几百间建筑怕都是在水上漂着的吧！

节选自梁衡《晋祠》

[作品 19 号]

人们常常把人与自然对立起来，宣称要征服自然。殊不知在大自然面前，人类永远只是一个天真幼稚的孩童，只是大自然机体上普通的一部分，正像一株小草只是她的普通一部分一样。如果说自然的智慧是大海，那么，人类的智慧就只是大海中的一个小水滴，虽然这个水滴也能映照大海，但毕竟不是大海，可是，人们竟然不自量力地宣称要用这滴水来代替大海。

看着人类这种狂妄的表现，大自然一定会窃笑——就像母亲面对无知的孩子那样的笑。人类的作品飞上了太空，打开了一个个微观世界，于是人类沾沾自喜，以为揭开了大自然的秘密。可是，在自然看来，人类上下翻飞的这片巨大空间，不过是咫尺之间而已，就如同鲲鹏看待鴳鹩一般，只是蓬蒿之间罢了。即使从人类自身智慧发展史的角度看，人类也没有理由过分自傲：人类的知识与其祖先相比诚然有了极大的进步，似乎有嘲笑古人的资本；可是，殊不知对于后人而言我们也是古人，一万年以后的人们也同样会嘲笑今天的我们，也许在他们看来，我们的科学观念还幼稚得很，我们的航天器在他们眼中不过是个非常简单的//儿童玩具。

节选自严春友《敬畏自然》

[作品 20 号]

舞台上的幕布拉开了，音乐奏起来了。演员们踩着音乐的拍子，以庄重而有节奏的步法走到灯光前面来了。灯光射在他们五颜六色的服装和头饰上，一片金碧辉煌的彩霞。

当女主角穆桂英以轻盈而矫健的步子出场的时候，这个平静的海面陡然动荡起来了，它上面卷起了一阵暴风雨：观众像触了电似的迅即对这位女英雄报以雷鸣般的掌声。她开始唱了。她圆润的歌喉在夜空中颤动，听起来辽远而又切近，柔和而又铿锵。戏词像珠子似的从她的一笑一颦中，从她优雅的“水袖”中，从她婀娜的身段中，一粒一粒地滚下来，滴在地上，溅到空中，落进每一个人的心里，引起一片深远的回音。这回音听不见，却淹没了刚才涌起的那一阵热烈的掌声。

观众像着了魔一样，忽然变得鸦雀无声。他们看得入了神。他们的感情和舞台上女主角的感情融在了一起。女主角的歌舞渐渐进入高潮。观众的情感也渐渐进入高潮。潮在涨。没有谁能控制住它。这个一度平静下来的人海忽然又动荡起来了。戏就在这时候要到达顶点。我们的女主角在这时候就像一朵盛开的鲜花，观众想把这朵鲜花捧在手里，不让//它消逝。他们不约而同地从座位上立起来，像潮水一样，涌到我们这位艺术家面前。舞台已经失去了界限，整个的剧场成了一个庞大的舞台。

我们这位艺术家是谁呢？他就是梅兰芳同志。半个世纪的舞台生涯过去了，六十六岁的高龄，仍然能创造出这样富有朝气的美丽形象，表现出这样充沛的青春活力，这不能不说是奇迹。这奇迹的产生是必然的，因为我们拥有这样热情的观众和这样热情的艺术家。

节选自叶君健《看戏》

［作品 21 号］

十年，在历史上不过是一瞬间。只要稍加注意，人们就会发现：在这一瞬间里，各种事物都悄悄经历了自己的千变万化。

这次重新访日，我处处感到亲切和熟悉，也在许多方面发觉了日本的变化。就拿奈良的一个角落来说吧，我重游了为之感受很深的唐招提寺，在寺内各处匆匆走了一遍，庭院依旧，但意想不到还看到了一些新的东西。其中之一，就是近几年从中国移植来的“友谊之莲”。

在存放鉴真遗像的那个院子里，几株中国莲昂然挺立，翠绿的宽大荷叶正迎风而舞，显得十分愉快。开花的季节已过，荷花朵朵已变为莲蓬累累。莲子的颜色正在由青转紫，看来已经成熟了。

我禁不住想：“因”已转化为“果”。

中国的莲花开在日本，日本的樱花开在中国，这不是偶然。我希望这样一种盛况延续不衰。

在这些日子里，我看到了不少多年不见的老朋友，又结识了一些新朋友。大家喜欢涉及的话题之一，就是古长安和古奈良。那还用得着问吗，朋友们缅怀过去，正是瞩望未来。瞩目于未来的人们必将获得未来。

我不例外，也希望一个美好的未来。

为了中日人民之间的友谊，我将不会浪费今后生命的每一瞬间。//

节选自严文井《莲花和樱花》

[作品22号]

我打猎归来，沿着花园的林阴路走着。狗跑在我前边。

突然，狗放慢脚步，蹑足潜行，好像嗅到了前边有什么野物。

我顺着林阴路望去，看见了一只嘴边还带黄色、头上生着柔毛的小麻雀。风猛烈地吹打着林阴路上的白桦树，麻雀从巢里跌落下来，呆呆地伏在地上，孤立无援地张开两只羽毛还未丰满的小翅膀。

我的狗慢慢向它靠近。忽然，从附近一棵树上飞下一只黑胸脯的老麻雀，像一颗石子似的落到狗的跟前。老麻雀全身倒竖着羽毛，惊恐万状，发出绝望、凄惨的叫声，接着向露出牙齿、大张着的狗嘴扑去。

老麻雀是猛扑下来救护幼雀的。它用身体掩护着自己的幼儿……但它整个小小的身体因恐怖而战栗着，它小小的声音也变得粗暴嘶哑，它在牺牲自己！

在它看来，狗该是多么庞大的怪物啊！然而，它还是不能站在自己高高的、安全的树枝上……一种比它的理智更强烈的力量，使它从那儿扑下身来。

我的狗站住了，向后退了退……看来，它也感到了这种力量。

我赶紧唤住惊慌失措的狗，然后我怀着崇敬的心情，走开了。

是啊，请不要见笑。我崇敬那只小小的、英勇的鸟儿，我崇敬它那种爱的冲动和力量。

爱，我//想，比死和死的恐惧更强大。只有依靠它，依靠这种爱，生命才能维持下去，发展下去。

节选自屠格涅夫《麻雀》，巴金译

[作品23号]

在浩瀚无垠的沙漠里，有一片美丽的绿洲，绿洲里藏着一颗闪光的珍珠。这颗珍珠就是敦煌莫高窟。它坐落在我国甘肃省敦煌市三危山和鸣沙山的怀抱中。

鸣沙山东麓是平均高度为十七米的崖壁。在一千六百多米长的崖壁上，凿有大小洞窟七百余个，形成了规模宏伟的石窟群。其中四百九十二个洞窟中，共有彩色塑像两千一百余尊，各种壁画共四万五千多平方米。莫高窟是我国古代无数艺术匠师留给人类的珍贵文化遗产。

莫高窟的彩塑，每一尊都是一件精美的艺术品。最大的有九层楼那么高，最小的还不如一个手掌大。这些彩塑个性鲜明，神态各异。有慈眉善目的菩萨，有威风凛凛的天王，还有强壮勇猛的力士……

莫高窟壁画的内容丰富多彩，有的是描绘古代劳动人民打猎、捕鱼、耕田、收割的情景，有的是描绘人们奏乐、舞蹈、演杂技的场面，还有的是描绘大自然的美丽风光。其中最引人注目的是飞天。壁画上的飞天，有的臂挎花篮，采摘鲜花；有的反弹琵琶，轻拨银弦；有的倒悬身子，自天而降；有的彩带飘拂，漫天遨游；有的舒展着双臂，翩翩起舞。看着这些精美动人的壁画，就像走进了//灿烂辉煌的艺术殿堂。

莫高窟里还有一个面积不大的洞窟——藏经洞。洞里曾藏有我国古代的各种经卷、文书、帛画、刺绣、铜像等共六万多件。由于清朝政府腐败无能，大量珍贵的文物被外国强盗掠走。仅存的部分经卷，现在陈列于北京故宫等处。

莫高窟是举世闻名的艺术宝库。这里的每一尊彩塑、每一幅壁画、每一件文物，都是中国古代人民智慧的结晶。

节选自《莫高窟》

[作品 24 号]

森林涵养水源，保持水土，防止水旱灾害的作用非常大。据专家测算，一片十万亩面积的森林，相当于一个两百万立方米的水库，这正如农谚所说的："山上多栽树，等于修水库。雨多它能吞，雨少它能吐。"

说起森林的功劳，那还多得很。它除了为人类提供木材及许多种生产、生活的原料之外，在维护生态环境方面也是功劳卓著，它用另一种"能吞能吐"的特殊功能孕育了人类。因为地球在形成之初，大气中的二氧化碳含量很高，氧气很少，气温也高，生物是难以生存的。大约在四亿年之前，陆地才产生了森林。森林慢慢将大气中的二氧化碳吸收，同时吐出新鲜氧气，调节气温：这才具备了人类生存的条件，地球上才最终有了人类。

森林，是地球生态系统的主体，是大自然的总调度室，是地球的绿色之肺。森林维护地球生态环境的这种"能吞能吐"的特殊功能是其他任何物体都不能取代的。然而，由于地球上的燃烧物增多，二氧化碳的排放量急剧增加，使得地球生态环境急剧恶化，主要表现为全球气候变暖，水分蒸发加快，改变了气流的循环，使气候变化加剧，从而引发热浪、飓风、暴雨、洪涝及干旱。

为了//使地球的这个"能吞能吐"的绿色之肺恢复健壮，以改善生态环境，抑制全球变暖，减少水旱等自然灾害，我们应该大力造林、护林，使每一座荒山都绿起来。

节选自《"能吞能吐"的森林》

[作品 25 号]

中国没有人不爱荷花的。可我们楼前池塘中独独缺少荷花。每次看到或想到，总觉得是一块心病。有人从湖北来，带来了洪湖的几颗莲子，外壳呈黑色，极硬。据说，如果埋在淤泥中，能够千年不烂。我用铁锤在莲子上砸开了一条缝，让莲芽能够破壳而出，不至永远埋在泥中。把五六颗敲破的莲子投入池塘中，下面就是听天由命了。

这样一来，我每天就多了一件工作：到池塘边上去看上几次。心里总是希望，忽然有一天，"小荷才露尖尖角"，有翠绿的莲叶长出水面。可是，事与愿违，投下去的第一年，一直到秋凉落叶，水面上也没有出现什么东西。但是到了第三年，却忽然出了奇迹。有一天，我忽然发现，在我投莲子的地方长出了几个圆圆的绿叶，虽然颜色极惹人喜爱，但是却细弱单薄，可怜兮兮地平卧在水面上，像水浮莲的叶子一样。

真正的奇迹出现在第四年上。到了一般荷花长叶的时候，在去年飘浮着五六个叶片的地方，一夜之间，突然长出了一大片绿叶，叶片扩张的速度，范围的扩大，都是惊人地快。几天之内，池塘内不小一部分，已经全为绿叶所覆盖。而且原来平卧在水面上的像是水浮莲一样的//叶片，不知道是从哪里聚集来了力量，有一些竟然跃出了水面，长成了亭亭的荷叶。这样一来，我心中的疑云一扫而光：池塘中生长的真正是洪湖莲花的子孙了。我心中狂喜，这几年总算是没有白等。

节选自季羡林《清塘荷韵》

[作品 26 号]

在原始社会里，文字还没有创造出来，却先有了歌谣一类的东西。这也就是文艺。

文字创造出来以后，人就用它把所见所闻所想所感的一切记录下来。一首歌谣，不但口头唱，还要刻呀，漆呀，把它保留在什么东西上。这样，文艺和文字就并了家。

后来纸和笔普遍地使用了，而且发明了印刷术。凡是需要记录下来的东西，要多少份就可以有多少份。于是所谓文艺，从外表说，就是一篇稿子，一部书，就是许多文字的集合体。

文字是一道桥梁，通过了这一道桥梁，读者才和作者会面。不但会面，并且了解作者的心情，和作者的心情相契合。

就作者的方面说，文艺的创作决不是随便取许多文字来集合在一起。作者着手创作，必然对于人生先有所见，先有所感。他把这些所见所感写出来，不作抽象的分析，而作具体的描写，不作刻板的记载，而作想象的安排。他准备写的不是普通的论说文、记叙文；他准备写的是文艺。他动手写，不但选择那些最适当的文字，让它们集合起来，还要审查那些写下来的文字，看有没有应当修改或是增减的。总之，作者想做到的是：写下来的文字正好传达出他的所见所感。

就读者的//方面说，读者看到的是写在纸面或者印在纸面的文字，但是看到文字并不是他们的目的。他们要通过文字去接触作者的所见所感。

节选自叶圣陶《驱遣我们的想象》

[作品 27 号]

语言，也就是说话，好像是极其稀松平常的事儿。可是仔细想想，实在是一件了不起的大事。正是因为说话跟吃饭、走路一样的平常，人们才不去想它究竟是怎么回事儿。其实这三件事儿都是极不平常的，都是使人类不同于别的动物的特征。

记得在小学里读书的时候，班上有一位“能文”的大师兄，在一篇作文的开头写下这么两句：“鹦鹉能言，不离于禽；猩猩能言，不离于兽。”我们看了都非常佩服。后来知道这两句是有来历的，只是字句有些出入。又过了若干年，才知道这两句话都有问题。鹦鹉能学人说话，可只是作为现成的公式来说，不会加以变化。只有人们说话是从具体情况出发，情况一变，话也跟着变。

西方学者拿黑猩猩做实验，它们能学会极其有限的一点儿符号语言，可是学不会把它变成有声语言。人类语言之所以能够“随机应变”，在于一方面能把语音分析成若干音素，又把这些音素组合成音节，再把音节连缀起来。另一方面，又能分析外界事物及其变化，形成无数的“意念”，一一配以语音，然后综合运用，表达各种复杂的意思。一句话，人类语言的特点就在于能用变化无穷的语音，表达变化无穷的//意义。这是任何其他动物办不到的。

节选自吕叔湘《人类的语言》

［作品 28 号］

父亲喜欢下象棋。那一年，我大学回家度假，父亲教我下棋。

我们俩摆好棋，父亲让我先走三步，可不到三分钟，三下五除二，我的兵将损失大半，棋盘上空荡荡的，只剩下老帅、士和一车两卒在孤军奋战。我还不肯罢休，可是已无力回天，眼睁睁看着父亲“将军”，我输了。

我不服气，摆棋再下。几次交锋，基本上都是不到十分钟我就败下阵来。我不禁有些泄气。父亲对我说：“你初学下棋，输是正常的。但是你要知道输在什么地方；否则，你就是再下上十年，也还是输。”

“我知道，输在棋艺上。我技术上不如你，没经验。”

“这只是次要因素，不是最重要的。”

“那最重要的是什么？”我不解地问。

“最重要的是你的心态不对。你不珍惜你的棋子。”

“怎么不珍惜呀？我每走一步，都想半天。”我不服气地说。

“那是后来，开始你是这样吗？我给你计算过，你三分之二的棋子是在前三分之一的时间内丢失的。这期间你走棋不假思索，拿起来就走，失了也不觉得可惜。因为你觉得棋子很多，失一两个不算什么。”

我看看父亲，不好意思地低下头。“后三分之二的时间，你又犯了相反的错误：对棋子过于珍惜，每走一步，都思前想后，患得患失，一个棋也不想失，//结果一个一个都失去了。”

节选自林夕《人生如下棋》

［作品 29 号］

仲夏，朋友相邀游十渡。在城里住久了，一旦进入山水之间，竟有一种生命复苏的快感。

下车后，我们舍弃了大路，挑选了一条半隐半现在庄稼地里的小径，弯弯绕绕地来到了十渡渡口。夕阳下的拒马河慷慨地撒出一片散金碎玉，对我们表示欢迎。

岸边山崖上刀斧痕犹存的崎岖小道，高低凸凹，虽没有“难于上青天”的险恶，却也有踏空了滚到拒马河洗澡的风险。狭窄处只能手扶岩石贴壁而行。当“东坡草堂”几个红漆大字赫然出现在前方岩壁时，一座镶嵌在岩崖间的石砌茅草屋同时跃进眼底。草屋被几级石梯托得高高的，屋下俯瞰着一湾河水，屋前顺山势辟出了一片空地，算是院落吧！右侧有一小小的蘑菇形的凉亭，内设石桌石凳，亭顶褐黄色的茅草像流苏般向下垂泻，把现实和童话串成了一体。草屋的构思者最精彩的一笔，是设在院落边沿的柴门和篱笆，走近这儿，便有了"花径不曾缘客扫，蓬门今始为君开"的意思。

当我们重登凉亭时，远处的蝙蝠山已在夜色下化为剪影，好像就要展翅扑来。拒马河趁人们看不清它的容貌时豁开了嗓门儿韵味十足地唱呢！偶有不安分的小鱼儿和青蛙蹦跳//成声，像是为了强化这夜曲的节奏。此时，只觉世间唯有水声和我，就连偶尔从远处赶来歇脚的晚风，也悄无声息。

当我渐渐被夜的凝重与深邃所融蚀，一缕新的思绪涌动时，对岸沙滩上燃起了篝火，那鲜亮的火光，使夜色有了躁动感。篝火四周，人影绰约，如歌似舞。朋友说，那是北京的大学生们，结伴来这儿度周末的。遥望那明灭无定的火光，想象着篝火映照的青春年华，也是一种意想不到的乐趣。

节选自刘延《十渡游趣》

[作品 30 号]

在闽西南和粤东北的崇山峻岭中，点缀着数以千计的圆形围屋或土楼，这就是被誉为"世界民居奇葩"的客家民居。

客家人是古代从中原繁盛的地区迁到南方的。他们的居住地大多在偏僻、边远的山区，为了防备盗匪的骚扰和当地人的排挤，便建造了营垒式住宅，在土中掺石灰，用糯米饭、鸡蛋清作黏合剂，以竹片、木条作筋骨，夯筑起墙厚一米，高十五米以上的土楼。它们大多为三至六层楼，一百至二百多间房屋如橘瓣状排列，布局均匀，宏伟壮观。大部分土楼有两三百年甚至五六百年的历史，经受无数次地震撼动、风雨侵蚀以及炮火攻击而安然无恙，显示了传统建筑文化的魅力。

客家先民崇尚圆形，认为圆是吉祥、幸福和安宁的象征。土楼围成圆形的房屋均按八卦布局排列，卦与卦之间设有防火墙，整齐划一。

客家人在治家、处事、待人、立身等方面，无不体现出明显的文化特征。比如，许多房屋大门上刻着这样的正楷对联："承前祖德勤和俭，启后子孙读与耕"，表现了先辈希望子孙和睦相处、勤俭持家的愿望。楼内房间大小一模一样，他们不分贫富、贵贱，每户人家平等地分到底层至高层各//一间房。各层房屋的用途惊人地统一，底层是厨房兼饭堂，二层当贮仓，三层以上作卧室，两三百人聚居一楼，秩序井然，毫不混乱。土楼内所保留的民俗文化，让人感受到中华传统文化的深厚久远。

节选自张宇生《世界民居奇葩》

[作品 31 号]

我国的建筑，从古代的宫殿到近代的一般住房，绝大部分是对称的，左边怎么样，右边也怎么样。苏州园林可绝不讲究对称，好像故意避免似的。东边有了一个亭子或者一道回廊，西边决不会来一个同样的亭子或者一道同样的回廊。这是为什么？我想，用图画来比方，对称的建筑是图案画，不是美术画，而园林是美术画，美术画要求自然之趣，是不讲究对称的。

苏州园林里都有假山和池沼。

假山的堆叠，可以说是一项艺术而不仅是技术。或者是重峦叠嶂，或者是几座小山配合着竹子花木，全在乎设计者和匠师们生平多阅历，胸中有丘壑，才能使游览者攀登的时候忘却苏州城市，只觉得身在山间。

至于池沼，大多引用活水。有些园林池沼宽敞，就把池沼作为全园的中心，其他景物配合着布置。水面假如成河道模样，往往安排桥梁。假如安排两座以上的桥梁，那就一座一个样，决不雷同。

池沼或河道的边沿很少砌齐整的石岸，总是高低屈曲任其自然。还在那儿布置几块玲珑的石头，或者种些花草。这也是为了取得从各个角度看都成一幅画的效果。池沼里养着金鱼或各色鲤鱼，夏秋季节荷花或睡莲//开放，游览者看“鱼戏莲叶间”，又是入画的一景。

节选自叶圣陶《苏州园林》

[作品 32 号]

泰山极顶看日出，历来被描绘成十分壮观的奇景。有人说：登泰山而看不到日出，就像一出大戏没有戏眼，味儿终究有点寡淡。

我去爬山那天，正赶上个难得的好天，万里长空，云彩丝儿都不见。素常烟雾腾腾的山头，显得眉目分明。同伴们都欣喜地说：“明天早晨准可以看见日出了。”我也是抱着这种想头，爬上山去。

一路从山脚往上爬，细看山景，我觉得挂在眼前的不是五岳独尊的泰山，却像一幅规模惊人的青绿山水画，从下面倒展开来。在画卷中最先露出的是山根底那座明朝建筑岱宗坊，慢慢地便现出王母池、斗母宫、经石峪。山是一层比一层深，一叠比一叠奇，层层叠叠，不知还会有多深多奇。万山丛中，时而点染着极其工细的人物。王母池旁的吕祖殿里有不少尊明塑，塑着吕洞宾等一些人，姿态神情是那样有生气，你看了，不禁会脱口赞叹说：“活啦。”

画卷继续展开，绿阴森森的柏洞露面不太久，便来到对松山。两面奇峰对峙着，满山峰都是奇形怪状的老松，年纪怕都有上千岁了，颜色竟那么浓，浓得好像要流下来似的。来到这儿，你不妨权当一次画里的写意人物，坐在路旁的对松亭里，看看山色，听听流//水和松涛。

一时间，我又觉得自己不仅是在看画卷，却又像是在零零乱乱翻着一卷历史稿本。

节选自杨朔《泰山极顶》

[作品 33 号]

在太空的黑幕上，地球就像站在宇宙舞台中央那位最美的大明星，浑身散发出夺人心魄的、彩色的、明亮的光芒，她披着浅蓝色的纱裙和白色的飘带，如同天上的仙女缓缓飞行。

地理知识告诉我，地球上大部分地区覆盖着海洋，我果然看到了大片蔚蓝色的海水，浩瀚的海洋骄傲地披露着广阔壮观的全貌，我还看到了黄绿相间的陆地，连绵的山脉纵横其间；我看到我们平时所说的天空，大气层中飘浮着片片雪白的云彩，那么轻柔，那么曼妙，在阳光普照下，仿佛贴在地面上一样。海洋、陆地、白云，它们呈现在飞船下面，缓缓驶来，又缓缓离去。

我知道自己还是在轨道上飞行，并没有完全脱离地球的怀抱，冲向宇宙的深处，然而这也足以让我震撼了，我并不能看清宇宙中众多的星球，因为实际上它们离我们的距离非常遥远，很多都是以光年计算。正因为如此，我觉得宇宙的广袤真实地摆在我的眼前，即便作为中华民族第一个飞天的人我已经跑到离地球表面四百公里的空间，可以称为太空人了，但是实际上在浩瀚的宇宙面前，我仅像一粒尘埃。

虽然独自在太空飞行，但我想到了此刻千万//中国人翘首以待，我不是一个人在飞，我是代表所有中国人，甚至人类来到了太空。我看到的一切证明了中国航天技术的成功，我认为我的心情一定要表达一下，就拿出太空笔，在工作日志背面写了一句话：“为了人类的和平与进步，中国人来到太空了。”以此来表达一个中国人的骄傲和自豪。

节选自杨利伟《天地九重》

[作品 34 号]

最使我难忘的，是我小学时候的女教师蔡芸芝先生。

现在回想起来，她那时有十八九岁。右嘴角边有榆钱大小一块黑痣。在我的记忆里，她是一个温柔和美丽的人。

她从来不打骂我们。仅仅有一次，她的教鞭好像要落下来，我用石板一迎，教鞭轻轻地敲在石板边上，大伙笑了，她也笑了。我用儿童的狡猾的眼光察觉，她爱我们，并没有存心要打的意思。孩子们是多么善于观察这一点啊。

在课外的时候，她教我们跳舞，我现在还记得她把我扮成女孩子表演跳舞的情景。

在假日里，她把我们带到她的家里和女朋友的家里。在她的女朋友的园子里，她还让我们观察蜜蜂；也是在那时候，我认识了蜂王，并且平生第一次吃了蜂蜜。

她爱诗，并且爱用歌唱的音调教我们读诗。直到现在我还记得她读诗的音调，还能背诵她教我们的诗：

圆天盖着大海，
黑水托着孤舟，
远看不见山，

那天边只有云头，

也看不见树，

那水上只有海鸥……

今天想来，她对我的接近文学和爱好文学，是有着多么有益的影响！像这样的教师，我们怎么会不喜欢她，怎么会不愿意和她亲近呢？我们见了她不由得就围上去。即使她写字的时候，我//们也默默地看着她，连她握铅笔的姿势都急于模仿。

节选自魏巍《我的老师》

[作品35号]

我喜欢出发。

凡是到达了的地方，都属于昨天。哪怕那山再青，那水再秀，那风再温柔。太深的流连便成了一种羁绊，绊住的不仅有双脚，还有未来。

怎么能不喜欢出发呢？没见过大山的巍峨，真是遗憾；见了大山的巍峨没见过大海的浩瀚，仍然遗憾；见了大海的浩瀚没见过大漠的广袤，依旧遗憾；见了大漠的广袤没见过森林的神秘，还是遗憾。世界上有不绝的风景，我有不老的心情。

我自然知道，大山有坎坷，大海有浪涛，大漠有风沙，森林有猛兽。即便这样，我依然喜欢。

打破生活的平静便是另一番景致，一种属于年轻的景致。真庆幸，我还没有老。即便真老了又怎么样，不是有句话叫老当益壮吗？

于是，我还想从大山那里学习深刻，我还想从大海那里学习勇敢，我还想从大漠那里学习沉着，我还想从森林那里学习机敏。我想学着品味一种缤纷的人生。

人能走多远？这话不是要问两脚而是要问志向。人能攀多高？这事不是要问双手而是要问意志。于是，我想用青春的热血给自己树起一个高远的目标。不仅是为了争取一种光荣，更是为了追求一种境界。目标实现了，便是光荣；目标实现不了，人生也会因//这一路风雨跋涉变得丰富而充实；在我看来，这就是不虚此生。

是的，我喜欢出发，愿你也喜欢。

节选自汪国真《我喜欢出发》

[作品36号]

乡下人家总爱在屋前搭一瓜架，或种南瓜，或种丝瓜，让那些瓜藤攀上棚架，爬上屋檐。当花儿落了的时候，藤上便结出了青的、红的瓜，它们一个个挂在房前，衬着那长长的藤，绿绿的叶。青、红的瓜，碧绿的藤和叶，构成了一道别有风趣的装饰，比那高楼门前蹲着一对石狮子或是竖着两根大旗杆，可爱多了。

有些人家，还在门前的场地上种几株花，芍药，凤仙，鸡冠花，大丽菊，它们依着时令，顺序开放，朴素中带着几分华丽，显出一派独特的农家风光。还有些人家，在屋后种几十枝竹，绿的叶，青的竿，投下一片浓浓的绿荫。几场春雨过后，到那里走走，你常常会看见许多鲜嫩的笋，成群地从土里探出头来。

鸡，乡下人家照例总要养几只的。从他们的房前屋后走过，你肯定会瞧见一只母鸡，率领一群小鸡，在竹林中觅食；或是瞧见耸着尾巴的雄鸡，在场地上大踏步地走来走去。

他们的屋后倘若有一条小河，那么在石桥旁边，在绿树荫下，你会见到一群鸭子游戏水中，不时地把头扎到水下去觅食。即使附近的石头上有妇女在捣衣，它们也从不吃惊。

若是在夏天的傍晚出去散步，你常常会瞧见乡下人家吃晚饭//的情景。他们把桌椅饭菜搬到门前，天高地阔地吃起来。天边的红霞，向晚的微风，头上飞过的归巢的鸟儿，都是他们的好友。它们和乡下人家一起，绘成了一幅自然、和谐的田园风景画。

节选自陈醉云《乡下人家》

[作品 37 号]

我们的船渐渐地逼近榕树了。我有机会看清它的真面目：是一棵大树，有数不清的丫枝，枝上又生根，有许多根一直垂到地上，伸进泥土里。一部分树枝垂到水面，从远处看，就像一棵大树斜躺在水面上一样。

现在正是枝繁叶茂的时节。这棵榕树好像在把它的全部生命力展示给我们看。那么多的绿叶，一簇堆在另一簇的上面，不留一点儿缝隙。翠绿的颜色明亮地在我们的眼前闪耀，似乎每一片树叶上都有一个新的生命在颤动，这美丽的南国的树！

船在树下泊了片刻，岸上很湿，我们没有上去。朋友说这里是“鸟的天堂”，有许多鸟在这棵树上做窝，农民不许人去捉它们。我仿佛听见几只鸟扑翅的声音，但是等到我的眼睛注意地看那里时，我却看不见一只鸟的影子。只有无数的树根立在地上，像许多根木桩。地是湿的，大概涨潮时河水常常冲上岸去。“鸟的天堂”里没有一只鸟，我这样想到。船开了，一个朋友拨着船，缓缓地流到河中间去。

第二天，我们划着船到一个朋友的家乡去，就是那个有山有塔的地方。从学校出发，我们又经过那“鸟的天堂”。

这一次是在早晨，阳光照在水面上，也照在树梢上。一切都//显得非常光明。我们的船也在树下泊了片刻。

起初四周围非常清静。后来忽然起了一声鸟叫。我们把手一拍，便看见一只大鸟飞了起来，接着又看见第二只，第三只。我们继续拍掌，很快地这个树林就变得很热闹了。到处都是鸟声，到处都是鸟影。大的，小的，花的，黑的，有的站在枝上叫，有的飞起来，在扑翅膀。

节选自巴金《鸟的天堂》

[作品 38 号]

两百多年前，科学家做了一次实验。他们在一间屋子里横七竖八地拉了许多绳子，绳子上系着许多铃铛，然后把蝙蝠的眼睛蒙上，让它在屋子里飞。蝙蝠飞了几个钟头，铃铛一个也没响，那么多的绳子，它一根也没碰着。

科学家又做了两次实验：一次把蝙蝠的耳朵塞上，一次把蝙蝠的嘴封住，让它在屋子里飞。蝙蝠就像没头苍蝇似的到处乱撞，挂在绳子上的铃铛响个不停。

三次实验的结果证明，蝙蝠夜里飞行，靠的不是眼睛，而是靠嘴和耳朵配合起来探路的。

后来，科学家经过反复研究，终于揭开了蝙蝠能在夜里飞行的秘密。它一边飞，一边从嘴里发出超声波。而这种声音，人的耳朵是听不见的，蝙蝠的耳朵却能听见。超声波向前传播时，遇到障碍物就反射回来，传到蝙蝠的耳朵里，它就立刻改变飞行的方向。

知道蝙蝠在夜里如何飞行，你猜到飞机夜间飞行的秘密了吗？现代飞机上安装了雷达，雷达的工作原理与蝙蝠探路类似。雷达通过天线发出无线电波，无线电波遇到障碍物就反射回来，被雷达接收到，显示在荧光屏上。从雷达的荧光屏上，驾驶员能够清楚地看到前方有没有障碍物，所//以飞机飞行就更安全了。

节选自郭锦媛《夜间飞行的秘密》

[作品 39 号]

北宋时候，有位画家叫张择端。他画了一幅名扬中外的画《清明上河图》。这幅画长五百二十八厘米，高二十四点八厘米，画的是北宋都城汴梁热闹的场面。这幅画已经有八百多年的历史了，现在还完整地保存在北京的故宫博物院里。

张择端画这幅画的时候，下了很大的功夫。光是画上的人物，就有五百多个：有从乡下来的农民，有撑船的船工，有做各种买卖的生意人，有留着长胡子的道士，有走江湖的医生，有摆小摊的摊贩，有官吏和读书人，三百六十行，哪一行的人都画在上面了。

画上的街市可热闹了。街上有挂着各种招牌的店铺、作坊、酒楼、茶馆，走在街上的，是来来往往、形态各异的人：有的骑着马，有的挑着担，有的赶着毛驴，有的推着独轮车，有的悠闲地在街上溜达。画面上的这些人，有的不到一寸，有的甚至只有黄豆那么大。别看画上的人小，每个人在干什么，都能看得清清楚楚。

最有意思的是桥北头的情景：一个人骑着马，正往桥下走。因为人太多，眼看就要碰上对面来的一乘轿子。就在这个紧急时刻，那个牧马人一下子拽住了马笼头，这才没碰上那乘轿子。不过，这么一来，倒把马右边的//两头小毛驴吓得又踢又跳。站在桥栏杆边欣赏风景的人，被小毛驴惊扰了，连忙回过头来赶小毛驴。你看，张择端画的画，是多么传神啊！

《清明上河图》使我们看到了八百年以前的古都风貌，看到了当时普通老百姓的生活场景。

节选自滕明道《一幅名扬中外的画》

[作品 40 号]

二〇〇〇年，中国第一个以科学家名字命名的股票“隆平高科”上市。八年后，名誉董事长袁隆平所持有的股份以市值计算已经过亿。从此，袁隆平又多了个“首富科学家”

的名号。而他身边的学生和工作人员，却很难把这位老人和“富翁”联系起来。

“他哪里有富人的样子。”袁隆平的学生们笑着议论。在学生们的印象里，袁老师永远黑黑瘦瘦，穿一件软塌塌的衬衣。在一次会议上，袁隆平坦言：“不错，我身价二〇〇八年就一千零八亿了，可我真的有那么多钱吗？没有。我现在就是靠每个月六千多元的工资生活，已经很满足了。我今天穿的衣服就五十块钱，但我喜欢的还是昨天穿的那件十五块钱的衬衫，穿着很精神。”袁隆平认为，“一个人的时间和精力是有限的，如果老想着享受，哪有心思搞科研？搞科学研究就是要淡泊名利，踏实做人”。

在工作人员眼中，袁隆平其实就是一位身板硬朗的“人民农学家”，“老人下田从不要人搀扶，拿起套鞋，脚一蹬就走”。袁隆平说：“我有八十岁的年龄，五十多岁的身体，三十多岁的心态，二十多岁的肌肉弹性。”袁隆平的业余生活非常丰富，钓鱼、打排球、听音乐……他说，就是喜欢这些//不花钱的平民项目。

二〇一〇年九月，袁隆平度过了他的八十岁生日。当时，他许了个愿：到九十岁时，要实现亩产一千公斤！如果全球百分之五十的稻田种植杂交水稻，每年可增产一点五亿吨粮食，可多养活四亿到五亿人口。

节选自刘畅《一粒种子造福世界》

［作品 41 号］

北京的颐和园是个美丽的大公园。

进了颐和园的大门，绕过大殿，就来到有名的长廊。绿漆的柱子，红漆的栏杆，一眼望不到头。这条长廊有七百多米长，分成二百七十三间。每一间的横槛上都有五彩的画，画着人物、花草、风景，几千幅画没有哪两幅是相同的。长廊两旁栽满了花木，这一种花还没谢，那一种花又开了。微风从左边的昆明湖上吹来，使人神清气爽。

走完长廊，就来到了万寿山脚下。抬头一看，一座八角宝塔形的三层建筑耸立在半山腰上，黄色的琉璃瓦闪闪发光。那就是佛香阁。下面的一排排金碧辉煌的宫殿，就是排云殿。

登上万寿山，站在佛香阁的前面向下望，颐和园的景色大半收在眼底。葱郁的树丛，掩映着黄的绿的琉璃瓦屋顶和朱红的宫墙。正前面，昆明湖静得像一面镜子，绿得像一块碧玉。游船、画舫在湖面慢慢地滑过，几乎不留一点儿痕迹。向东远眺，隐隐约约可以望见几座古老的城楼和城里的白塔。

从万寿山下来，就是昆明湖。昆明湖围着长长的堤岸，堤上有好几座式样不同的石桥，两岸栽着数不清的垂柳。湖中心有个小岛，远远望去，岛上一片葱绿，树丛中露出宫殿的一角。//游人走过长长的石桥，就可以去小岛上玩。这座石桥有十七个桥洞，叫十七孔桥。桥栏杆上有上百根石柱，柱子上都雕刻着小狮子。这么多的狮子，姿态不一，没有哪两只是相同的。

颐和园到处有美丽的景色，说也说不尽，希望你有机会去细细游赏。

节选自袁鹰《颐和园》

[作品42号]

一谈到读书，我的话就多了！

我自从会认字后不到几年，就开始读书。倒不是四岁时读母亲给我的商务印书馆出版的国文教科书第一册的“天、地、日、月、山、水、土、木”以后的那几册，而是七岁时开始自己读的“话说天下大势，分久必合，合久必分……”的《三国演义》。

那时，我的舅父杨子敬先生每天晚饭后必给我们几个表兄妹讲一段《三国演义》，我听得津津有味，什么“宴桃园豪杰三结义，斩黄巾英雄首立功”，真是好听极了。但是他讲了半个钟头，就停下去干他的公事了。我只好带着对于故事下文的无限悬念，在母亲的催促下，含泪上床。

此后，我决定咬了牙，拿起一本《三国演义》来，自己一知半解地读了下去，居然越看越懂，虽然字音都读得不对，比如把“凯”念作“岂”，把“诸”念作“者”之类，因为我只学过那个字一半部分。

谈到《三国演义》，我第一次读到关羽死了，哭了一场，把书丢下了。第二次再读到诸葛亮死了，又哭了一场，又把书丢下了，最后忘了是什么时候才把全书读到“分久必合”的结局。

这时我同时还看了母亲针线笸箩里常放着的那几本《聊斋志异》，聊斋故事是短篇的，可以随时拿起放下，又是文言的，这对于我的//作文课很有帮助，因为老师曾在我的作文本上批着“柳州风骨，长吉清才”的句子，其实我那时还没有读过柳宗元和李贺的文章，只因那时的作文，都是用文言写的。

书看多了，从中也得到一个体会，物怕比，人怕比，书也怕比，“不比不知道，一比吓一跳”。

因此，某年的六一国际儿童节，有个儿童刊物要我给儿童写几句指导读书的话，我只写了九个字，就是：

读书好，多读书，读好书。

节选自冰心《忆读书》

[作品43号]

徐霞客是明朝末年的一位奇人。他用双脚，一步一步地走遍了半个中国大陆，游览过许多名山大川，经历过许多奇人异事。他把游历的观察和研究记录下来，写成了《徐霞客游记》这本千古奇书。

当时的读书人，都忙着追求科举功名，抱着“十年寒窗无人问，一举成名天下知”的观念，埋头于经书之中。徐霞客却卓尔不群，醉心于古今史籍及地志、山海图经的收集和研读。他发现此类书籍很少，记述简略且多有相互矛盾之处，于是他立下雄心壮志，要走遍天下，亲自考察。

此后三十多年，他与长风为伍，云雾为伴，行程九万里，历尽千辛万苦，获得了大量第一手考察资料。徐霞客日间攀险峰，涉危涧，晚上就是再疲劳，也一定录下当日见闻。即使荒野露宿，栖身洞穴，也要“燃松拾穗，走笔为记”。

徐霞客的时代，没有火车，没有汽车，没有飞机，他所去的许多地方连道路都没有，加上明朝末年治安不好，盗匪横行，长途旅行是非常艰苦又非常危险的事。

有一次，他和三个同伴到西南地区，沿路考察石灰岩地形和长江源流。走了二十天，一个同伴难耐旅途劳顿，不辞而别。到了衡阳附近又遭遇土匪抢劫，财物尽失，还险//些被杀害。好不容易到了南宁，另一个同伴不幸病死，徐霞客忍痛继续西行。到了大理，最后一个同伴也因为吃不了苦，偷偷地走了，还带走了他仅存的行囊。但是，他还是坚持目标，继续他的研究工作，最后找到了答案，推翻历史上的错误，证明长江的源流不是岷江而是金沙江。

节选自《阅读大地的徐霞客》

[作品 44 号]

造纸术的发明，是中国对世界文明的伟大贡献之一。

早在几千年前，我们的祖先就创造了文字。可那时候还没有纸，要记录一件事情，就用刀把文字刻在龟甲和兽骨上，或者把文字铸刻在青铜器上。后来，人们又把文字写在竹片和木片上。这些竹片、木片用绳子穿起来，就成了一册书。但是，这种书很笨重，阅读、携带、保存都很不方便。古时候用“学富五车”形容一个人学问高，是因为书多的时候需要用车来拉。再后来，有了蚕丝织成的帛，就可以在帛上写字了。帛比竹片、木片轻便，但是价钱太贵，只有少数人能用，不能普及。

人们用蚕茧制作丝绵时发现，盛放蚕茧的篾席上，会留下一层薄片，可用于书写。考古学家发现，在两千多年前的西汉时代，人们已经懂得了用麻来造纸。但麻纸比较粗糙，不便书写。

大约在一千九百年前的东汉时代，有个叫蔡伦的人，吸收了人们长期积累的经验，改进了造纸术。他把树皮、麻头、稻草、破布等原料剪碎或切断，浸在水里捣烂成浆；再把浆捞出来晒干，就成了一种既轻便又好用的纸。用这种方法造的纸，原料容易得到，可以大量制造，价格又便宜，能满足多数人的需要，所//以这种造纸方法就传承下来了。

我国的造纸术首先传到邻近的朝鲜半岛和日本，后来又传到阿拉伯世界和欧洲，极大地促进了人类社会的进步和文化的发展，影响了全世界。

节选自《纸的发明》

[作品 45 号]

中国的第一大岛、台湾省的主岛台湾，位于中国大陆架的东南方，地处东海和南海之间，隔着台湾海峡和大陆相望。天气晴朗的时候，站在福建沿海较高的地方，就可以隐隐约约地望见岛上的高山和云朵。

台湾岛形状狭长，从东到西，最宽处只有一百四十多公里；由南至北，最长的地方约有三百九十多公里。地形像一个纺织用的梭子。

台湾岛上的山脉纵贯南北，中间的中央山脉犹如全岛的脊梁。西部为海拔近四千米的玉山山脉，是中国东部的最高峰。全岛约有三分之一的地方是平地，其余为山地。岛内有缎带般的瀑布，蓝宝石似的湖泊，四季常青的森林和果园，自然景色十分优美。西南部的阿里山和日月潭，台北市郊的大屯山风景区，都是闻名世界的游览胜地。

台湾岛地处热带和温带之间，四面环海，雨水充足，气温受到海洋的调剂，冬暖夏凉，四季如春，这给水稻和果木生长提供了优越的条件。水稻、甘蔗、樟脑是台湾的"三宝"。岛上还盛产鲜果和鱼虾。

台湾岛还是一个闻名世界的"蝴蝶王国"。岛上的蝴蝶共有四百多个品种，其中有不少是世界稀有的珍贵品种。岛上还有不少鸟语花香的蝴//蝶谷，岛上居民利用蝴蝶制作的标本和艺术品，远销许多国家。

节选自《中国的宝岛——台湾》

[作品 46 号]

对于中国的牛，我有着一种特别尊敬的感情。

留给我印象最深的，要算在田垄上的一次"相遇"。

一群朋友郊游，我领头在狭窄的阡陌上走，怎料迎面来了几头耕牛，狭道容不下人和牛，终有一方要让路。它们还没有走近，我们已经预计斗不过畜牲，恐怕难免踩到田地泥水里，弄得鞋袜又泥又湿了。正踟蹰的时候，带头的一头牛，在离我们不远的地方停下来，抬起头看看，稍迟疑一下，就自动走下田去。一队耕牛，全跟着它离开阡陌，从我们身边经过。

我们都呆了，回过头来，看着深褐色的牛队，在路的尽头消失，忽然觉得自己受了很大的恩惠。

中国的牛，永远沉默地为人做着沉重的工作。在大地上，在晨光或烈日下，它拖着沉重的犁，低头一步又一步，拖出了身后一列又一列松土，好让人们下种。等到满地金黄或农闲时候，它可能还得担当搬运负重的工作；或终日绕着石磨，朝同一方向，走不计程的路。

在它沉默的劳动中，人便得到应得的收成。

那时候，也许，它可以松一肩重担，站在树下，吃几口嫩草。偶尔摇摇尾巴，摆摆耳朵，赶走飞附身上的苍蝇，已经算是它最闲适的生活了。

中国的牛，没有成群奔跑的习//惯，永远沉沉实实的，默默地工作，平心静气。这就是中国的牛！

节选自小思《中国的牛》

[作品 47 号]

石拱桥的桥洞成弧形，就像虹。古代神话里说，雨后彩虹是"人间天上的桥"，通过彩虹就能上天。我国的诗人爱把拱桥比作虹，说拱桥是“卧虹”“飞虹”，把水上拱桥形容为“长虹卧波”。

我国的石拱桥有悠久的历史。《水经注》里提到的“旅人桥”，大约建成于公元二八二年，可能是有记载的最早的石拱桥了。我国的石拱桥几乎到处都有。这些桥大小不一，形式多样，有许多是惊人的杰作。其中最著名的当推河北省赵县的赵州桥。

赵州桥非常雄伟，全长五十点八二米。桥的设计完全合乎科学原理，施工技术更是巧妙绝伦。全桥只有一个大拱，长达三十七点四米，在当时可算是世界上最长的石拱。桥洞不是普通半圆形，而是像一张弓，因而大拱上面的道路没有陡坡，便于车马上下。大拱的两肩上，各有两个小拱。这个创造性的设计，不但节约了石料，减轻了桥身的重量，而且在河水暴涨的时候，还可以增加桥洞的过水量，减轻洪水对桥身的冲击。同时，拱上加拱，桥身也更美观。大拱由二十八道拱圈拼成，就像这么多同样形状的弓合拢在一起，做成一个弧形的桥洞。每道拱圈都能独立支撑上面的重量，一道坏了，其//他各道不致受到影响。全桥结构匀称，和四周景色配合得十分和谐；桥上的石栏石板也雕刻得古朴美观。赵州桥高度的技术水平和不朽的艺术价值，充分显示了我国劳动人民的智慧和力量。

节选自茅以升《中国石拱桥》

［作品 48 号］

不管我的梦想能否成为事实，说出来总是好玩儿的：

春天，我将要住在杭州。二十年前，旧历的二月初，在西湖我看见了嫩柳与菜花，碧浪与翠竹。由我看到的那点儿春光，已经可以断定，杭州的春天必定会教人整天生活在诗与图画之中。所以，春天我的家应当是在杭州。

夏天，我想青城山应当算作最理想的地方。在那里，我虽然只住过十天，可是它的幽静已拴住了我的心灵。在我所看见过的山水中，只有这里没有使我失望。到处都是绿，目之所及，那片淡而光润的绿色都在轻轻地颤动，仿佛要流入空中与心中似的。这个绿色会像音乐，涤清了心中的万虑。

秋天一定要住北平。天堂是什么样子，我不知道，但是从我的生活经验去判断，北平之秋便是天堂。论天气，不冷不热。论吃的，苹果、梨、柿子、枣儿、葡萄，每样都有若干种。论花草，菊花种类之多，花式之奇，可以甲天下。西山有红叶可见，北海可以划船——虽然荷花已残，荷叶可还有一片清香。衣食住行，在北平的秋天，是没有一项不使人满意的。

冬天，我还没有打好主意，成都或者相当地合适，虽然并不怎样和暖，可是为了水仙，素心腊梅，各色的茶花，仿佛就受一点儿寒//冷，也颇值得去了。昆明的花也多，而且天气比成都好，可是旧书铺与精美而便宜的小吃远不及成都那么多。好吧，就暂这么规定：冬天不住成都便住昆明吧。

节选自老舍《“住”的梦》

［作品 49 号］

在北京市东城区著名的天坛公园东侧，有一片占地面积近二十万平方米的建筑区域，大大小小的十余栋训练馆坐落其间。这里就是国家体育总局训练局。许多我们耳熟能详的中国体育明星都曾在这里挥汗如雨，刻苦练习。

中国女排的一天就是在这里开始的。

清晨八点钟，女排队员们早已集合完毕，准备开始一天的训练。主教练郎平坐在场外长椅上，目不转睛地注视着跟随助理教练们做热身运动的队员们，她身边的座位上则横七竖八地堆放着女排姑娘们的各式用品：水、护具、背包，以及各种外行人叫不出名字的东西。不远的墙上悬挂着一面鲜艳的国旗，国旗两侧是“顽强拼搏”和“为国争光”两条红底黄字的横幅，格外醒目。

“走下领奖台，一切从零开始”十一个大字，和国旗遥遥相望，姑娘们训练之余偶尔一瞥就能看到。只要进入这个训练馆，过去的鲜花、掌声与荣耀皆成为历史，所有人都只是最普通的女排队员。曾经的辉煌、骄傲、胜利，在踏入这间场馆的瞬间全部归零。

踢球跑、垫球跑、夹球跑……这些对普通人而言和杂技差不多的项目是女排队员们必须熟练掌握的基本技能。接下来//的任务是小比赛。郎平将队员们分为几组，每一组由一名教练监督，最快完成任务的小组会得到一面小红旗。

看着这些年轻的姑娘们在自己的眼前来来去去，郎平的思绪常飘回到三十多年前。那时风华正茂的她是中国女排的主攻手，她和队友们也曾在这间训练馆里夜以继日地并肩备战。三十多年来，这间训练馆从内到外都发生了很大的变化：原本粗糙的地面变成了光滑的地板，训练用的仪器越来越先进，中国女排的团队中甚至还出现了几张陌生的外国面孔……但时光荏苒，不变的是这支队伍对排球的热爱和“顽强拼搏，为国争光”的初心。

节选自宋元明《走下领奖台，一切从零开始》

［作品 50 号］

在一次名人访问中，被问及上个世纪最重要的发明是什么时，有人说是电脑，有人说是汽车，等等。但新加坡的一位知名人士却说是冷气机。他解释，如果没有冷气，热带地区如东南亚国家，就不可能有很高的生产力，就不可能达到今天的生活水准。他的回答实事求是，有理有据。

看了上述报道，我突发奇想：为什么没有记者问：“二十世纪最糟糕的发明是什么？”其实二〇〇二年十月中旬，英国的一家报纸就评出了“人类最糟糕的发明”。获此“殊荣”的，就是人们每天大量使用的塑料袋。

诞生于上个世纪三十年代的塑料袋，其家族包括用塑料制成的快餐饭盒、包装纸、餐用杯盘、饮料瓶、酸奶杯、雪糕杯等。这些废弃物形成的垃圾，数量多、体积大、重量轻、不降解，给治理工作带来很多技术难题和社会问题。

比如，散落在田间、路边及草丛中的塑料餐盒，一旦被牲畜吞食，就会危及健康甚至导致死亡。填埋废弃塑料袋、塑料餐盒的土地，不能生长庄稼和树木，造成土地板结，而焚烧处理这些塑料垃圾，则会释放出多种化学有毒气体，其中一种称为二噁英的化合物，毒性极大。

此外，在生产塑料袋、塑料餐盒的过//程中使用的氟利昂，对人体免疫系统和生态环境造成的破坏也极为严重。

节选自林光如《最糟糕的发明》

第四章　普通话水平测试“说话”的技巧

知识目标

1. 了解普通话水平测试“说话”特征。
2. 了解普通话水平测试“说话”的基本要求。
3. 了解普通话水平测试“说话”的种类。
4. 掌握普通话水平测试“说话”的考试技巧。
5. 培养良好的心理素质。

能力目标

提高口语表达能力，提高与人沟通的能力。

第一节　普通话水平测试“说话”的特征

说话，就是用语言表达一定的意思，即说话人通过零散的或成段的话语传递自己的思想感情。听者则通过说话人的话语来理解、判断、接收并作出反馈。学习和训练普通话的最终目的是运用标准或比较标准的普通话进行口语表达，从而更好地与别人交际和交流思想感情。

说话属于口语表达范畴，和书面表达相比，说话具有自身的特征：

1. 传声性

说话主要靠声音传递信息，是由声音表现的音节、词语、语句、词段、语调等因素构成的表意、表情系统，它要求声音准确清晰、清亮圆润、富于变化。

2. 临场性

说话有一定的规定情境，有特定的对象、环境、气氛，有强烈的现场感，对说话人的心理素质提出了很高的要求，要求口语表达要“切境”。

3. 简约性

说话通过口耳相传，听话人需要进行同步的接受和理解，并作出及时反馈。因此，它要求说话人言简意赅，用语简洁明了、生动形象，结构清晰直接，多采用一维的线性结构，尽量口语化。多用短语、单句，少用长句、复句；多用大众化词语，力求平易自然，不用方言词语、生造词语、古词语、专业词语、生僻词语、容易产生歧义的词语。

4. 双向性

说话往往是面对面的，不管是单向说话还是双向多向说话，它都有具体的听者，是一个由“说—听”构成的双向互动系统，这就要求说话人要考虑到说话的语言环境和听者的性别、年龄、身份、知识背景等社会角色特征，考虑到听者参与说话活动的目的和动机，强化说话的针对性。

5. 即时性

说话主要靠口耳相传，语音一发即逝，对说话人的思维速度和广度、语言的组织效率都提出了很高的要求，同时，制约了词语的选择、语句的表达、结构的构建。

6. 灵活性

说话是一个动态的过程，在整个表达过程中，说话人需要根据自己表达目的实现的状况不断调节自己话语的内容。说话话题的选择，说话节奏的变化，根据听者反馈所作出的调整，说话中的修正和补充，都显示出十分灵活的特点。

7. 综合性

说话时，说话人要同时协调思维、言谈、视觉、听觉等活动，要调动语音语调、言辞态势等表达手段，要综合利用各种社会知识、专业知识，体现出很强的综合性。

第二节　普通话水平测试“说话”的基本要求

普通话水平测试中的说话部分，以单项说话为主，主要考查应试人在没有文字凭借的情况下，说普通话的能力和所能达到的规范程度。和朗读相比，说话可以更有效地考查应试人在自然状态下运用普通话语音、词汇、语法的能力。因为读者朗读是有文字凭借的说话，应试人并不主动参与词语和句式的选择，因而说话最能全面体现应试人普通话的真实水平。

普通话水平测试的说话考查是全面综合的，它不是单独考查应试人某一方面的水平。说话不仅是对应试人语言水平的考查，也是对应试人心理素质的考验。说话是在没有文字凭借的情况下，把思维的内部语言转化为自然、准确、流畅的外部语言，需要应试人有良好的心理素质。虽然它不是对说话人口才、知识修养的一种检阅，但毕竟要依托成段的语流和充实的内容，这时，应试人的知识储备、词汇积累、谋篇布局能力、心理素质、社会阅历成为隐性的话语背景，不可不重视。综上所述，说话具有以下几种基本要求：

1. 话语自然，语速适当

说话就是口语表达，但口语表达并不等于口语本身。我们口头说话，要使用语言材料，但是说话的效果并不是这些语言材料的总和。口头说的话应该是十分生动的，它和说话的环境、说话人的感情、说话的目的和动机都有很大的关系。

要做到自然，就得按照日常口语的语音、语调来说话，不要带着朗读或背诵的腔调。这并不是很高的要求，但实际做起来却相当困难。发音要规范、清晰、饱满，但不要生硬、机械，特别注意变调、轻声、儿化韵的发音；语气词"啊"的变化；词语轻重格的处理；音节之间的连接流畅，避免出现"蹦字""吞音"现象；语气亲切、自然、朴实无华，适合表达内容、感情的需要；语调的处理以体现语流的结构层次为主，不要夸张或过分美化。需要强调的是，进行说话准备时，不要把说话材料写成书面材料，因为写出来的东西往往会进行修改，殊不知，就是在修改中改掉了口语表达的特点。

语速适当，是话语自然的重要表现。节奏的变化、语调的起伏不要太大，语速宜采用中速。大约 240 个音节/分钟应视为正常。根据内容、情景、语气的要求，偶尔 10 来个音节稍快、稍慢也应视为正常。语速和语言流畅程度是成正比的，一般说来，语速越快，语言越流畅。但语速过快就容易导致发音时口腔打不开、复元音的韵母动程不够和归音不准。语速过慢，容易导致语流凝滞，话语不够连贯。有人为了不在声、韵、调上出错，说话的时候一个字一个字地往外挤，听起来非常生硬。因此，过快和过慢的语速都应该努力避免。

2. 用词得体，贴切易懂

说话时，应试人往往来不及对所说的话进行细致的润色和加工，听者也很难仔细琢磨，认真推敲。为了保证话语流畅易懂，减少犹豫及词义晦涩、词语生僻、词语堆砌带来的干扰，因此说话人应该少琢磨，少渲染，说话通俗易懂、平易自然。多用口语词，少用书面语、古语词，不用生僻字、专业词语、容易产生歧义的词语，不在说话中夹杂不规范的时髦用语和带有阶层团体色彩的特殊用语。

口语词和书面语词的界限不易分清。一般来说，口语词指日常说话用得多的词，书面语词指书面上用得多的词。口语词和书面语词相比，有其独自的特点。必须克服方言的影响，摒弃方言词汇，说话中应特别注意克服方言语气。但由于普通话词汇标准是开放的，它不断地从方言中吸收富有表现力的词汇来丰富、完善自己的词汇系统，普通话水平测试允许应试人使用较为常用的新词语和方言词语。

3. 用语流畅，条理分明

现代汉语的口语和书面语基本是一致的，使用的句式大体也是相同的。但是，从句式使用的经常性来看，口语和书面语仍然存在着差别，主要包括：① 口语句式比较松散，短句多；② 口语较少使用或干脆不用关联词语；③ 口语经常使用非主谓句；④ 口语较多地使用追加和插说的方法，句间关联不紧密；⑤ 口语停顿和语气词多。

说话时语句流畅，条理分明，表意就会清楚、明晰。相反，说话断断续续，不仅难以使测试员完整、准确地把握说话人的语言内容,还会加重应试人自己的心理压力,严重的还会导致说话中断。要做到这一条,在句式选择上,多用短句,少用长句,多用单句,少用复句。避免重复和反复纠正说过的话。改掉说话时带"口头禅"的毛病,如"嗯""呃""这个""也就是说""然后"等。不要突然改变说话的内容或方向,插入与表达主旨无关的话语。

普通话水平测试是对应试人运用普通话进行交际的能力水平的测试和评价。它既不是普通话知识的考试,也不是文化水平的考核,更不是口才的评估。测试大纲以语音面貌、词汇语法的规范程度和自然流畅程度来作为说话部分的标准,对与文章结构有关的立意、选材及布局谋篇并未提出具体的要求,我们不能一厢情愿地把作文的评分标准强加于说话之上。

第三节　普通话水平测试"说话"话题的准备

普通话水平测试以单向说话为主,即应试人员根据抽签确定的话题说话。话题说话的过程,实际上是一个审题、构思、表达的过程。在说话前要做好充分的准备。

1. 审题

抽到话题后,首先要审题,看一看话题是属于叙述类的还是议论类的。如:"我的朋友"是属于叙述类的话题,"谈谈社会公德"是属于议论类的话题。然后再进一步分析话题的要求:如果是叙述类的话题,则要弄清话题是要求说人还是说事,说什么样的人,说什么范围、什么时间的事;如果是议论类的话题,则要弄清话题是要求议论有关国家、社会的大事,还是有关道德、生活的具体问题。在分析、理解话题的要求之后,才能确定说话目的和中心。

2. 选择材料

在确定说话的中心之后,还要选择好材料。说话的选材跟写文章一样,要选能表现中心思想的材料。选材要注意选择真实的材料,只有真实的材料才能调动起自己的真情实感,才能使自己的表达自然流畅;选材还要注意选择典型的材料,只有典型的材料才能有说服力,才能引起听众的兴趣,才能增强感染力。

3. 安排结构

有了说话的材料之后,还要组织好这些材料,安排好说话的结构。话题说话的结构一般分为开场白、主体和结束语三部分。

(1) 开场白。开场白是话题说话的开头。好的开场白可以打开场面、活跃气氛、引起听众的兴趣。开场白的形式是很多的。有的开门见山地亮出观点,直截了当地揭示主题,突出中心;有的讲述一段趣闻,提出一个新奇的问题,引人入胜;有的提出不同的观点,发人思索;有的背诵谚语、诗词等,活跃气氛。使用开场白要做到简洁流畅、亲切有趣、富有吸引力。

（2）主体。主体是话题说话的主要部分，讲述事情、阐明观点、表达情感都依赖这部分。在主体部分首先要做到条理清晰、逻辑严密。话题说话是口头表达，听众理解它要靠听觉，而听觉有稍纵即逝的特点，听众不可能用较长的时间去分析、思索，而必须在听的同时完成理解。因此，话题说话的结构安排要以听众较快理解为前提，做到条理清晰、逻辑严密。在主体部分还应注意做到波澜起伏、节奏多变，这样才能扣人心弦、有吸引力。

（3）结束语。好的结束语可以给听众留下完整、深刻的印象，回味无穷。结束语可以是对内容的总结和概括，也可以抒发感情或发出号召。结束语要简洁有力、朴实自然。

第四节　普通话水平测试“说话”话题的种类和范文

一、话题的种类

在普通话水平测试中，对说话的测试主要采取话题说话的形式，说话题目共50个，供普通话水平测试命题说话测试使用。以下话题是对话题范围的规定，并不规定话题的具体内容。题目如下：

（1）我的一天；
（2）老师；
（3）珍贵的礼物；
（4）假日生活；
（5）我喜爱的植物；
（6）我的理想（或愿望）；
（7）过去的一年；
（8）朋友；
（9）童年生活；
（10）我的兴趣爱好；
（11）家乡（或熟悉的地方）；
（12）我喜欢的季节（或天气）；
（13）印象深刻的书籍（或报刊）；
（14）难忘的旅行；
（15）我喜欢的美食；
（16）我所在的学校（或公司、团队、其他机构）；

(17) 尊敬的人；
(18) 我喜爱的动物；
(19) 我了解的地域文化(或风俗)；
(20) 体育运动的乐趣；
(21) 让我快乐的事情；
(22) 我喜欢的节日；
(23) 我欣赏的历史人物；
(24) 劳动的体会；
(25) 我喜欢的职业(或专业)；
(26) 向往的地方；
(27) 让我感动的事情；
(28) 我喜爱的艺术形式；
(29) 我了解的十二生肖；
(30) 学习普通话(或其他语言)的体会；
(31) 家庭对个人成长的影响；
(32) 生活中的诚信；
(33) 谈谈服饰；
(34) 自律与我；
(35) 对终身学习的看法；
(36) 谈谈卫生与健康；
(37) 对环境保护的认识；
(38) 谈谈社会公德(或职业道德)；
(39) 对团队精神的理解；
(40) 谈中国传统文化；
(41) 科技发展与社会生活；
(42) 谈个人修养；
(43) 对幸福的理解；
(44) 如何保持良好的心态；
(45) 对垃圾分类的认识；
(46) 网络时代的生活；
(47) 对美的看法；
(48) 谈传统美德；
(49) 对亲情(或友情、爱情)的理解；
(50) 小家、大家与国家。

二、话题的范文

普通话"说话"话题部分范文20篇，范文仅供参考学习，不能在考试中背诵使用。

[说话稿1号] 我的理想(或愿望)

我喜欢当教师有几个原因，外在原因觉得教师这个职业很神圣，我觉得做教师的最大价值在于把自己的知识传授给学生，实现自己的社会价值.其次当教师许多业余时间，可以做自己想做的事情，比如:每年有两个假期，寒假与暑假，每周有两天休息，我可以利用这些时间来学习，回顾或总结。此外父母都希望我将来能有一份稳定的工作，生活不用那样奔波。

我喜欢当教师的最大的原因是受父亲的影响。父亲大学毕业后，就分配在离家乡三百里外当一名中学教师，在我还没有出世的时候，父亲在一次整风运动中被错划成右派，被迫回到农村，一次次的上诉，都是无功而返，所以我从小就暗暗地对自己说，我长大后要当教师，实现父亲未遂的心愿。初中毕业后，为了早点出来工作，我报考中等师范学校，我的分数425分，远远地超出录取线百多分，但因为各个缘故，我没有被录取，我的愿望落空了。心里很难过，感觉上天是那样不公平，但在父母的鼓励下，我又恢复了自信心。

之后，我就上了高中，但我仍然不放弃自己的愿望，为了实现我当教师的心愿，我在学习上更加努力，在高考中我再次报师范院校，终于我以优异成绩考上华南师范大学，并读了自己喜欢的汉语言系，这是我一生中最高兴的事。因为我多年的努力没有白费，我当教师的愿望终于实现了。

记得第一次走上讲台的时候，我心里很激动，因为当面对学生尊敬的目光的时候，心里很有一种自豪感.做教师，要给学生一碗水，自己必须要有一桶水，所以我在教学的同时也不断自我增值，提高自己的知识水平能力。

出来工作多年了，当教师有苦也有乐，但我仍然很爱这一行。所以在工作上尽心竭力，受到上级的好评，学生也非常喜欢我，我有一种说不出的满足感，我多次被评为学校、市的优秀教师。

我的职业就是教师，我无悔我的选择！我从小就希望自己能成为一名老师，一名人类灵魂的工程师！我实现了自己的愿望。

[说话稿2号] 我的一天

我喜欢读书与写作。每天吃完午饭，家人都休息了，就翻出各种各样的书来读，有图书馆借来的，有自己花钱买的，可谓来源之广。这些书中，有教人如何维护自尊的《简·爱》，有展现一代女皇风采的《武则天》，还有如何教学培养孩子的，世界名著固然精彩，包罗万象的杂志也令人爱不释手，我看属于我们的《中国青年》，一本好书在手，一切烦恼都抛于脑后。每当读过一本好书，总是希望有人与我分享。第二天到单位没课时，我们评中国四大名著的文学价值，论柯林斯的成名之作《白衣女人》，析《红与黑》在文学上的地位，各抒己见，侃侃而谈，神采飞扬。古语说：书中自有黄金屋，书中自有颜如玉。但我读书既不求黄金屋，也不为颜如玉，我求的是知识，用它来开拓我的视野，武装我的头脑，充实我的精神世界。在书中我找到了现实生活中的答案，在书中看到了人间的欢乐与苦难，在书中窥测到人的崇高与卑劣……我爱书，正是因为它早已成为我的知己。

写作，是一种很好的锻炼思维的方式，也是一种提升思想的过程。于是闲暇时就写上一点随感、读后感的，偶尔也会吟上几句诗。

我喜欢上网，网络世界，无奇不有。我利用网络查找教学资料、学习资料。并在网上学得很多电脑知识，最近又在网上建立了跟自己教学相关的个人主页，这样就能跟全国各地的朋友相互交流教学经验与心得，提高了我的教学水平。我觉得，我们是 21 世纪的主人，我们要用智慧的头脑，运用现代化的信息技术来驾驭这个世纪，网络已占去了我三分之一的时间，我与它结下了不解之缘。电脑网络丰富了我的生活，开阔了我的视野。

我的学习生活是多姿多彩的，它给我带来无穷的乐趣。

[说话稿 3 号]　我喜爱的植物

我喜爱茉莉花，它开的花是白色的，像一朵雪花，像婴儿的皮肤，十分好看。

它只在夏天开花，而且是在夜晚，放出香气。它的花可以用来泡茶，对身体有很大的好处。一朵朵花飘浮在茶杯的表面，像一个个争食的生物。你夏天跑累了，喝一口用茉莉沏的茶，你浑身立刻觉得轻松了很多。它可以使茶叶清香无比，使人身心凉爽，恐怕只有你在平静下来的时候，才可以真正地品尝到其中的美味。

记得有一次，我们在学校比赛 1200 米的长跑，去之前，我喝了一杯用茉莉沏的茶，身体又轻松又平静，感到没有一点疲惫。到了比赛场，我对自己充满信心。开始了，我跑了起来，我一看他们这么慢啊，松了一口气，渐渐地他们赶了上来。我一看还有二三百米的路程，我用力冲刺了起来。没想到那杯茶给了我这么大的力量，在我落后的情况下，居然拿了第一名。真要感谢它！

曾经有那么一个夜晚。我和朋友在院子里喝茶，朋友茶杯中茉莉的清香，伴着湿热的夏风吹来。那时我正好感冒了，茉莉花的香味吹进我的鼻孔，我突然觉得被强烈地刺激了一下。到了明天，我的感冒一下子好了，我发现被自己喜爱的事物刺激一下，会对自己的身体好很多。朋友认真地说，要在房间里摆放一盆茉莉花会对身体有好处。但是很不幸，养了一个月左右，花却都死了，我很伤心。

后来在书上了解到了茉莉花习性，用心栽培，家里的茉莉花长得非常的好，因此一年四季家里的茉莉花常盛开。

同时也希望自己的灵魂像那洁白的花儿一样，永远纯洁！

[说话稿 4 号]　童年生活

童年的记忆是院中的那棵枣树。它遮蔽了夏日灼热的阳光，奶奶手摇蒲扇为树下的我们驱赶着炎热和蚊虫。伏在桌上做功课，听着树上的蝉鸣，心里却异常的安静。打枣的日子和姐姐缩着肩膀躲在屋里，听着房顶“噼噼啪啪”雹子似的响声，舔着嘴巴看着蹦落一地圆圆的枣子。当爸爸不再摇动那些树枝，便“噌”地蹿出房门，争抢着去捡那些最大最红的果实。

童年的记忆是河边的那片空地，撒欢儿似的疯跑，欢笑着的追赶，摔跤后的哭喊。还有那些大到足以容纳几个人的废弃的水泥管子，带着各自采到的野葡萄钻进去，便成了过家家最棒的场所，说悄悄话或受委屈后躲避的秘密基地。

童年的记忆是街口那高高的台阶，虽然没过了我们的头顶，却一个个青蛙似的往下跳，在男孩子们起哄的叫喊声中，巾帼不让须眉，谁也不做胆小鬼。

童年的记忆是晚上那条黑得不见五指的小胡同，手拉手麻着头皮、闭紧双眼一步步小心翼翼地往里走，心里“扑腾扑腾”地跳个不停。谁那么恶作剧突然怪叫一声“鬼啊”，一个个便尖叫着冲出来，然后喘着气对望着大笑。

童年的记忆是街里那家倒霉的工厂。过节的时候大门两旁摆满了鲜花，不仅漂亮，还漂亮地想要掐回家来。于是便坏笑着盼望着天黑，一个跟一个悄没声儿地溜到墙根下，躲过看门人的眼睛和耳朵，每人揪上几朵，憋着气咧着嘴，兴奋和紧张遍布了每根神经。男孩子们是勘察兵，平安无事中来上几回。第二天，大家的窗前姹紫嫣红，可工厂门口的一枝独秀着实让我们担了一天的心。

童年的记忆是星空下那条没有了行人和车辆的不宽的马路，和最贴心的朋友手拉手飞快地转着圈，嘴里唱着“让我们荡起双桨”。那头晕目眩后的快乐，是因友谊滋生的永远难忘的幸福感。

童年的记忆是爸爸妈妈们黄昏定时的呼唤。“回家吃饭喽”伴随着各家孩子们的小名儿汇成了大合唱，钻进了我们这群脱缰小野马的耳朵，那是乐不思蜀玩儿疯了时最怕听到，但又饥肠辘辘肚子“咕咕”叫时又恨又爱的最美妙的歌声。

童年的记忆却“咔”的一声停止在那一天，往后的日子再也没有了无忧无虑，纯粹的快乐离我而去。我在懵懵懂懂中孤单地走过了那段并未结束的童年。

[说话稿5号]　我喜欢的职业(或专业)

有人说，当老师多好，天天和孩子在一起永远年轻！是的，教师是我最喜爱的职业，因为教师是太阳底下最崇高的职业。之所以说是“最崇高”“最光辉”，就是因为教师是“人类灵魂的工程师”。建造一座房子或桥梁，我们称他为建筑工程师；设计工厂的合理流程，我们称他为工业工程师；研究更好地养花种花、美化环境，我们称他为园艺工程师。然而教师却是灵魂的工程师，那就意味着是塑造人类的思想、建设人们的精神世界，是精神文明的设计者和创造者，是精神花园里的一个园丁。无论在中国还是外国，久远以来，教师这一行业就已经作为独立的一门职业门类而存在了。

在中国，早在西周时期就有了“学在官府”的记载，到了春秋时期，以孔子为首的一大批私学大师相继涌现出来，成为中国教育史上最早的专职教师。教师的出现，极大地推动了教育事业的发展，人才的培养也变得普及起来。

“师者，所以传道、授业、解惑也。”传播人生道理，讲授专业知识，解除心中困惑。在这个过程中，等于是把知识的火炬一代一代地传递下去。所以，在我认为，教师更像一个接力赛的队员。这个接力赛的总长度是人类的整个时间长河，前不见古人，后不见来者，悠悠无尽头。历史赋予我们特定的一程，我们从上一代手中接过知识接力棒，然后跟时间赛跑，直到跑完我们的这一段，把接力棒传递给下一代的人。

教师对学生的爱是无私的，在当今社会更是难能可贵的。不求别的，单是在街上遇到了，他们大声地叫我一句：“老师好！”只这简单的一句话，就会满足。因为我是一名光荣的人民教师。

［说话稿 6 号］ 朋友

我的朋友很多，玲玲是我最要好的一个朋友，也是多年的老朋友了。高高的个子，细长的眉毛下闪动着一双乌黑发亮的眼睛，流露出聪颖的光芒。体型不胖不瘦，平时爱穿蓝色的衬衫，咖啡色的裤子，黑色的皮鞋，很有精神。常喜欢留一头运动型短发，戴一副中度近视镜，气质优雅，博学多才。

我们有着相类似的家庭出身：同性、同龄、同学、同事、同出生在家乡农村、同是生有一个可爱的女儿。我们有着太多太多的相同，连同我们的兴趣爱好、理想追求都一样。不同的是我上了师范，她上了高中；我学中文，她学政治；我是人民的教师，她是人民的公仆。她是成功的，幸运的，她的飞黄腾达是她实力的体现，更是她努力奋斗的历程的见证。我为她的今天喝彩，更为她的明天加油。

曾经，我们雨中漫步，月下畅谈，桌上畅饮；我们是幸福快乐的童年伙伴，我们是争夺高下的学习对手，我们是风雨同舟的知心朋友，我们是自强不息的赶路人、弄潮儿。如今，她在外地工作，我们相隔数里，但我们都在心里默默祈祷祝福。我们的友情不会随着时间的推移而模糊，也不会因地域的分隔而淡忘，更不会因地位的改变而变质，恰恰相反，我们的友情只能越来越浓厚。

［说话稿 7 号］ 我喜爱的艺术形式

工作之余，我最喜欢读书了。在书籍的海洋里遨游，真是一件惬意的事情，不仅可以使我忘却身边的烦恼，而且还可以增长知识。从上学以来，我看了很多的书，有李白和杜甫的诗歌，也有名家的散文。但我独独喜欢小说，每当自己买回一本新的小说后，总会迫不及待地翻开它，一动不动地读起来，遇到感人的情节时，也会掉下眼泪。小说读了不少，包括《基督山伯爵》《三个火枪手》这样的国外名著。要说最喜欢的，还属《西游记》《红楼梦》等中国古典小说。

《西游记》汇聚了神话小说的离奇和武侠小说的精彩，满足了读者的好奇心，因此也深受读者的喜爱。《西游记》塑造了个性鲜明的人物形象：唐僧的善良，孙悟空的机智，猪八戒的狡猾和沙僧的忠厚都给人留下了深刻的印象。我现在仍然清晰地记得孙悟空与妖怪打斗的场面，不仅被他的勇敢与机智所折服，也为唐僧的顽固不化感到惋惜。后来，有机会又把《西游记》读了几遍。当然，每次都有新的收获。慢慢地，我也读懂了唐僧的良苦用心，也被他的菩萨心肠所感动！是啊，“佛海无边，回头是岸”！只有尊重生命，爱惜生命，才能进入西方极乐世界。

《红楼梦》也是我喜爱的一部小说。记得第一次读《红楼梦》时的时候，正值青春萌动。最初完全是着迷于作者笔下缠绵的男情女爱，对“贾雨村”之类的“荒唐言”“辛酸泪”，并无太多感觉。与《西游记》一样，多读几遍之后，我不仅感受到一个家族由盛而衰的过程中年轻男女情感命运悲喜沉浮的凄美描写，也读懂了那段社会变革的历史。

[说话稿 8 号]　谈谈卫生与健康

下面我就谈谈“卫生与健康”的知识。

其实卫生是处处都必须注意的，在路边、大街上、小巷中，在那些小摊小贩的摊子上，经常做一些油饼、臭豆腐之类的食品，你可千万不能去买，谁知道他们这些东西是用什么做的，吃了容易生病，甚至造成腹泻、头晕之类的症状。饭前便后要洗手，这也是讲卫生的行为。

说到健康，也许有人会说：“吃多了东西也就健康了吧!”其实健康并不在于多吃东西，你还要常运动、多喝水，每天定量吃饭，按时睡觉等等，这样才能做到健康。在报纸上看到过多吃水果、蔬菜、多补充维生素，这样对身体大有好处。

卫生与健康是紧密相连的。不讲卫生不仅使身体容易生病，有时连你宝贵的双眼也会受到侵袭。当你接触过钱、霉旧的书之类的东西，你可千万不要去揉眼睛，否则，沾你手上的细菌就会跑进眼睛，这样会使你患上沙眼，导致视力下降。

为了有个健康的好身体，平时我们要养成良好的卫生习惯。良好的卫生习惯不是抽象的概念，而是表现为一点一滴的生活小事。比如，要保持个人清洁卫生，衣服要勤换洗，勤洗澡，勤剪指甲；饭前便后要洗手；经常打扫环境卫生；适当参加体育锻炼，增强身体免疫力。

[说话稿 9 号]　我喜欢的季节(或天气)

一年四季，春夏秋冬，各有所长都有人爱。我最喜欢的季节是冬季。有人说冬天太冷，会冻伤人的心灵；有人说冬天太静，压抑人的心情；也有人说冬天太冷酷，扼制着生命的激情。那么我要说：请你用心去感受一下冬天，冬天也具有情趣和意趣，并非无聊与冷酷。她虽然冷，但却不乏热情；她虽然静，却不那么沉默；她虽然冷酷，却也少不了温馨。

一种事物给人的感受总是多重性的，我看到了冬天的另一面。当你看到冬季里那悄悄钻出的小草，当你看到冬季里傲然的腊梅，看到冬季里那玩雪溜冰的孩子们，你会觉得冬季给予了我们一个完全不同的世界，她是那么的和谐，那么的奇妙。她会让你脱离尘世的一切烦恼，虽然少了一份姹紫嫣红。她会让你静静地思考一些平时不愿思考的东西，虽然失去了一些灯红酒绿。她会让你去面对一些平日里不想面对的东西，虽然少了一份愉悦。

当太阳在浓雾中缓缓升起，雾却变得稀薄，麦苗上的浓霜也不见了踪影，只留下一颗颗泛着光芒的水珠。你不觉得冬天很可爱吗？冬天，是那么的美，那么的静。她无时无刻不在用自己的生命来培养着你，滋润着你。她无时无刻不在向你倾诉着自己对生命的理解。我敢保证只要你用心去感受，用心去倾听，你会越来越喜欢她。

［说话稿 10 号］ 学习普通话(或其他语言)的体会

普通话是我国的通用语言，是我们日常交流沟通的工具。我认为学好普通话很重要，尤其是在我们教师的行业中则更重要。那么什么是普通话呢？普通话就是以北京语音为标准音，以北方话为基础方言，以典型的现代白话文著作为语法规范的现代汉民族共同语。

要学好普通话，我觉得有这么几条要领：第一，就是学好拼音字母，掌握发音部位，对于局部个别的发音要反复练习直至完全到位为止。第二，多读些拼音报上的文章等，锻炼说普通话的感觉，或者看到一个字后，就暗暗地朗诵其标准音，并注意与方言音的对应关系，争取举一反三，触类旁通。第三，不懂就查。字典是我们很好的老师，若有不懂，要虚心请教，直至完全正确为止。尤其要注意一些字的多音与多义等。第四，读辞典，翻开《现代汉语词典》，一字一字、一词一词、一句一句、一页一页地朗读，极为有效。

另外，坚持用普通话进行日常会话。有人说：语言取决于环境。在一个大家都说普通话的环境中，耳濡目染，近朱必赤。即使你方音浓重，逐渐逐渐你也会受感染的。总之，只要努力，就一定能把普通话说好。

通过普通话的学习，使我受益匪浅。上课用普通话，课下与学生交流也尽量使用普通话，自我感觉，我的普通话水平在不断提高。

［说话稿 11 号］ 谈谈服饰

看着大街上来来往往的人们都有着共同的特点就是穿着很时尚，服饰随着时代的不同而变化多异，清代大马褂成了人们的便装，不管是富有还是贫穷都穿长袍，他们的区别在于富有的人用绫罗绸缎缝制衣服，贫穷的人用粗布剪裁衣服。20 世纪 80 年代初期年轻人穿起了喇叭裤，不管是男女都穿上了颜色不同的裤子，那时裤子的喇叭越大显得越时尚！

现在我们走进商场购买服饰，第一个感觉就是眼花缭乱，因为颜色各异、款式新颖很适合现在年轻人，曾经人们的温饱是个问题时，大家从不考虑服饰。衣着打扮对他们来说是次要的，所以服饰上有补丁是很平常的事情。可现在不同了，年轻人讲究的是“另类”，是“个性”。把“补丁”看成了一门艺术当做自身个性的展示，把很好的衣服专门打上补丁，你们说怪不怪呢？

每个人都有个人的穿法，因为每个人的气质都不同，有的人看上去极为严肃，这样他们应当穿得端庄才适合；有的人看上去很温和、温柔，这样他应当穿得典雅才适合。随着人们眼光的提高，服饰也是日新月异地变化着。

随着时代发展，服饰不断变化着，服饰会还古吗？究竟会变成什么样子谁也说不清楚！只有时代的前进才能证明服饰的变化，因为服饰是跟随时代更换的。

［说话稿 12 号］ 科技发展与社会生活

不管人们有没有意识到，科学技术已经深深地影响着我们的日常生活，在经济社会发展扮演着不可或缺的角色。21 世纪以来，科学技术，尤其是计算机网络技术、电子信息技术的飞速发展，使得手机、电脑那些昂贵的奢侈品步入寻常百姓家，成为我们生活的必需品。想象一下，如果没有手机，我们如何随心所欲地与亲人保持联系呢；如果没有网络，我们又如何与远在异国他乡的朋友谈天论地；如果没有高清晰的电视技术，我们又如何享受华丽的好莱坞电影？当然，我们也必须承认，科学技术在一定程度上也改变着我们的生活方式，改变着我们的文化。

正是因为科学技术具有如此的重要性，我们的国家领导人也在多种场合提出大力发展科学技术。我国在改革开放以后取得了很大的进步，步入了科技强国之林。但是，我们还应该认识到，我国很多技术都受限于发达国家。所以，我们应该奋起直追，迎头赶上。

作为当前社会的一员，我们不仅应该认识到科技的重要性，还应该努力学习科学技术，用科学技术来武装我们的头脑，具有献身科学的勇气和决心，具有用科学技术来发展全人类的博大胸怀。更重要的是，我们还应当教育我们的后代，要热爱科学，尊重科学！

［说话稿 13 号］ 谈中国传统文化

中国是一个古老的国家，从古至今保留下来了许多节日的风俗。下面请听我慢慢道来。

春节，也就是过年，为农历正月初一。春节是个欢乐祥和的节日，也是亲人团聚的日子，离家在外的孩子在过春节时都要回家欢聚。这天早上一家人要围在一起吃热腾腾的汤圆，代表着团团圆圆。我们家则会在大门上贴“福”字。“福”字指福气、福运，寄托了人们对幸福生活的向往，对美好未来的祝愿。不过我们家的“福”字是倒过来贴的，表示“幸福已到”“福气已到”。新年里我便穿上新衣服，和爸爸妈妈一起去长辈们家拜年，祝福他们身体健康。晚上，丰盛的年菜摆满一桌，阖家团聚，围坐桌旁，而孩子们最开心的事莫过于拿到红包了。

说到春节，怎能不提除夕呢。过年的前一夜，就是旧年的腊月三十夜，也叫除夕。在这新旧交替的时候，守岁是最重要的年俗活动之一。除夕晚上，全家老小都一起熬年守岁，在家看春节联欢晚会，这成了大家必不可少的一道文化“盛宴”！在我们南方有过年吃年糕的习惯，甜甜的黏黏的年糕象征新一年生活甜蜜蜜，步步高。

中秋节，农历八月十五，我国的传统节日之一。这天人们都要吃月饼，以示团圆。月饼最初是用来祭奉月神的祭品，后来人们逐渐把中秋赏月与品尝月饼，作为家人团圆的一大象征，慢慢地，月饼也就成为了节日的必备礼品。晚上，与家人坐在阳台的板凳上，吃着月饼，赏圆圆的月亮，那意境真是好极了。而小孩子们，会在家长的协助下用竹纸扎成兔子灯，横挂在短竿中，再竖起于高杆上，彩光闪耀，儿童手提的各式花灯在月下游嬉玩赏，为中秋再添一景。另外，现在还有许多的年轻人，喜欢放孔明灯，用纸扎成大型的灯，灯下燃烛，热气上腾，使灯飞扬在空中，将思念与祝福带去给远方的亲人或朋友。

端午节的风俗有吃粽子、挂荷包、赛龙舟等。

清明节是一个纪念祖先的节日。主要是扫墓，扫墓是敦亲睦族及行孝的具体表现。

中国的节日还有许许多多，风俗也是各式各样，我们应该继承那些流传至今的风俗，并让其发扬光大。

[说话稿 14 号]　体育运动的乐趣

说实在的，我从小就不怎么喜欢体育。上学时，我的各科成绩都不错。唯独我的体育成绩一直在及格线上挣扎。最不喜欢上的就是体育课，偏偏学校提出“德智体全面发展”的口号。体育不及格还不能当三好学生。所以，我为此付出了很多辛苦。我不胖，体质也不算弱。但不知道为什么体育就不能达到优秀。最怕跳高与长跑了，仰卧起坐相对而言好些，但也是指达标没问题。于是打心底里羡慕那些轻而易举在体育方面拿高分的人！我知道他们努力过，但我付出的也不比他们少，甚至远远比他们还多！而成效却微乎其微啊。

尽管如此，体育还是给我带来了许多乐趣。初一时我被老师选上参加篮球比赛，记得那次比赛我们班还赢了呢！如果不是因为怕耽误学习，就继续练下去了。后来我迷上了乒乓球，还参加了课外乒乓球兴趣小组。一番折腾下来，还算小有成绩，能打两下子了。现在觉得羽毛球不错，有时去打打，技术有点进步。去年又因为世界杯，对足球大感兴趣。开始爱看球赛，弄清了“角球”“越位”等一些术语。并有点后悔上学时怎么没学踢足球，无论结果如何我热衷于参与的过程。最近常常早起晨练，其实我深深地知道，没有一个健康的身体，什么都做不成。也就是说体育锻炼是很重要的。

这就是我和体育，运动并快乐着。

[说话稿 15 号]　家乡(或熟悉的地方)

每个人都有自己的家乡，有的人的家乡山清水秀，有的人的家乡人人向往，而我的家乡是一个谱写了许多光辉历史的县城，所以我对我的家乡有着依恋之情。

隆回，寓名龙回。相传古时有一苍龙携八小龙自境内九龙山麓起程，往东海腾飞，中途回望，昔日盘地，云蒸霞蔚，灵秀钟聚，顿生恋故之情，于是折首回归，安营九龙。从此，润物造化，衍育众生。诗般的神话，美丽的传说，给我的家乡增添了无限风光和神采。

我的家乡位于湘中偏西南，总面积 2866 平方公里，居住有汉、回、瑶、苗、侗、壮、满等 13 个民族，辖 26 个乡镇，1010 个村(居)委会，总人口 109 万人，是湖南的一个农业大县。近年来，产业结构明显优化，农业品牌声名鹊起。龙牙百合、虎爪生姜、宝庆辣椒、红皮大蒜、畅销国内，驰名海外。新开发的“银花养生茶”“白马毛尖”“桃花椒酱”“金土地酒”“庐公液”“红心地瓜干”“野山泡椒”等农产品在亚太博览会、湖南农博会、农产品世博会上分别获特奖、金奖、银奖。

我的家乡山清水秀，人杰地灵。俗话说得好：“一方山水养一方人。”我的家乡孕育了魏源、魏光涛、邹汉勋、谭人凤、袁吉六、彭述之等一批历史著名人物，为家乡的历史和文化谱写了光辉篇章。

我的家乡文化底蕴深厚，群星璀璨。滩头的年画已经流传到国外，成为国家一级物质文化遗产；小沙江的瑶族风情绝妙，他们穿着自己做的瑶族衣，唱着自己编的瑶族歌，别具一格，这里已是湖南的旅游胜地……

我的家乡焕然一新。现在的马路宽阔平坦，街道整齐，一座座高楼大厦平地而起，排列得有条有序，不再像从前的旧隆回，马路坑坑洼洼，房屋横七竖八。

这就是我的家乡——隆回，欢迎你们前来隆回做客！

[说话稿16号]　我喜欢的美食

常言道“民以食为天”，对于美食没特意的研究，但平时我喜欢做菜，我的拿手菜是“菠菜拌粉丝”。配料很简单，有菠菜、粉丝，另需一些小调料。取半斤菠菜洗净，切成一寸长；粉丝二两用水泡软，也切成一寸长；把四五个香菇和一小撮虾米，泡软剁碎；另将一根青葱切成末。做法是：在锅内放清水，煮开后下菠菜烫熟，捞起装盘进冰箱冷却。再将粉丝放入烫菠菜的开水中煮熟，捞起加一点油和鲜酱油拌一下，以免结团。将凉后的菠菜和粉丝拌和，再加鲜酱油调至咸淡适中。锅里放少许油，将香菇和虾米末炒熟，起锅前放入葱末。然后将这些料倒入菠菜粉丝内拌匀，淋上一些芝麻油即成。

这是一道凉拌菜，别看材料简单，做法也不难，却是十分可口。每当请朋友来家做客，都是极受欢迎的，常常等不到下面的菜上桌，就被一扫而光了，我不得不提醒客人，留着一点肚子装别的菜。

做菜的窍门有不少，其中一个我觉得很重要，就是材料的搭配。单拌粉丝和单拌菠菜我全试过，都不怎么样，两样合在一起，口感才好。香菇和虾米在一起也能产生特殊味道。我现在做菜很少用味精，而是通过菜料搭配提鲜生味。

我做菜做饭虽不是什么美味佳肴，但也十分可口。

[说话稿17号]　我喜欢的节日

每年农历八月十五日，是传统的中秋佳节。这时是一年秋季的中期，所以被称为中秋。中秋也称仲秋，又叫作“月夕”“八月节”。此夜，人们仰望天空如玉如盘的朗朗明月，自然会期盼家人团聚。远在他乡的游子，也借此寄托自己对故乡和亲人的思念之情。所以，中秋又称“团圆节”。

我国在古代就有“秋暮夕月”的习俗。夕月，即祭拜月神。到了周代，每逢中秋夜都要举行迎寒和祭月。设大香案，摆上月饼、西瓜、苹果、红枣等祭品，在月下，将月亮神像放在月亮的那个方向，全家人依次拜祭月亮，然后由当家主妇切吃团圆月饼。

在唐代，中秋赏月、玩月颇为盛行。在北宋京师，八月十五夜，满城人家，不论贫富老少，都要穿上成人的衣服，焚香拜月说出心愿，祈求月亮神的保佑。南宋，民间以月饼相赠，取团圆之义。明清以来，中秋节的风俗更加盛行；许多地方形成了烧斗香、树中秋、点塔灯、放天灯、走月亮、舞火龙等特殊风俗。

今天，月下游玩的习俗，已远没有旧时盛行。但设宴赏月仍很盛行，人们把酒问月，庆贺美好的生活，或祝远方的亲人健康快乐。中秋节的习俗很多，形式也各不相同，但都寄托着人们对生活无限的热爱和对美好生活的向往。

这就是我喜欢的节日，中秋节。

［说话稿 18 号］ 我所在的学校（或公司、团队、其他机构）

我是一名教师，隆回县万和实验学校是我工作的集体。我生活在一个十分温暖的集体里。在这个集体里大家互助互爱，情同兄弟姐妹，相处得十分友好。因为集体里的每一个人都深深知道，人与人相处最重要的是相互尊重相互理解。

学校坐落在隆回县城城东万和经济技术开发区内，东临汽车东站，西接魏源公园，南抵桃洪东路，北靠 320 国道。交通极为便利，环境十分优美。学校占地 228 亩，总建筑面积达 80000 平方米，共投资 1 亿元。学校拥有全省一流的教育教学设施设备，提供从小学一年级到高中三年级的全程基础教育（兼办幼儿园和学前班）。

学校现有学生 7000 余人，教职工 329 人。学校所聘用的教师全部是高素质人才，绝大多数是在职在岗的公办教师，学历高、职称高、年龄低，拥有一批国家级、省级、市级和县级学科带头人。学校的办学宗旨是“以知识与关爱引导人生”，以将“高中做精、初中做大、小学做活”为办学思路，以强化小学、初中、高中英语口语教学办学特色，以打造万和品牌、创办三湘名校为办学目标。小学从三年级起开设计算机课程，从幼儿园、学前班就开始学英语。2004 年 6 月学校还高薪招聘 2 名外籍教师强化学生英语口语训练。学校严格按国家规定的标准班额设班，实行小班制教学。小学每班不超过 40 人，中学每班不超过 56 人。

学校采取全封闭式严格管理，生活辅导老师、保安、校医均 24 小时值班，学生公寓做到“五有”，即“有电话、有洗漱间、有卫生间、有电风扇、有冷热水”。学校认真实施现代的校园规划，拥有“四园”（校园、花园、家园、乐园）“三区”（教学区、生活区、活动区）。学校通过寄宿制生活，优化教育环境，实施全方位、全天候、全程性、集体化的优化育人工程，构建学校、家庭、社会三结合的教育网络，营造校园“绿洲”，不让社会不良风气侵蚀校园，培养学生自强自立的精神和良好的学习、生活习惯。

万和实验学校在全国名校长贺春晖等领导和全校师生的共同努力下，成为了校园环境优美、校风学风优良、教学设施一流、信息化技术应用水平领先的学校。现在，我们正齐心协力，努力将万和实验学校办成更加出色，令世人瞩目的新型学校。

[说话稿 19 号]　谈谈社会公德(或职业道德)

人之立身，所贵者在德。在我们当今以德治国、依法治国的形势下，发扬助人为乐，扶贫助困，爱护公物，保护环境的社会公德更是每个公民义不容辞的责任。

试想，每个百万富翁如果能够慷慨解囊帮助贫困，每一个强壮青年都能细致入微帮助老弱病残，就不仅会使生活在贫困中的人过上幸福温暖的生活，而且这些发扬公德心的人也会赢得社会的认可，每个工人如果都能关心集体，爱护公物，做集体的主人，那每个集体定都能蒸蒸日上。每个游人如果多走些路把垃圾丢进垃圾箱，每户人家都不把垃圾弃在马路旁，那就会拥有整洁的环境，也可呼吸到新鲜的空气，而不是污浊的空气，垃圾的恶臭。每一个企业如果都能改善废水处理和废气污染，他们就不仅会获得大家的信任，而且产品也畅销。如果发扬社会公德已蔚然成风，我们的祖国定会是人们互帮互助，生活美满幸福，环境整洁清新，风景优美宜人的国家。

从现在开始，大家弯下腰捡一点垃圾，伸出手帮助一下弱小，只要发挥这么一点公德心，我们的明天定会更美好。

[说话稿 20 号]　对环境保护的认识

二十世纪中叶以来，环境问题已经成为整个地球的一大危机。人类赖以生存和发展的环境受到了严峻挑战，资源的迅猛开发与有效利用，使其在日益枯竭，生态环境遭到了严重破坏，造成了各种污染事故频频发生。环境问题已经成为当今人类面临的全球性问题之一，引起了各国的普遍关注。

人类必须意识到，人的生存无不依赖于自然生态系统。人类文明与大自然的命运已紧密结合在一起，就如同心灵和躯体一样密不可分。今天，人类不能再以一个征服者的面目对自然发号施令，而必须学会尊重自然、善待自然，自觉充当维护自然稳定与和谐的调节者。从一个号令自然的主人，到一个善待自然的朋友，这是一次人类意识的深刻觉醒，也是一次人类角色的深刻转换。实现这一角色的转换不仅需要外在的法律强制，更需要人类的良知和内在的道德力量。

我们应该倡导一种保护自然、拯救自然的实践态度，今天，人类比任何时候都能领略到气候变化的威胁。如果人类再不行动，那么 100 年后，巨大的热浪将会席卷地球每一个角落，海洋中漂浮的冰山将有可能融化得无影无踪。保护自然，修复自然，维护自然生态系统的平衡与和谐，应当是我们义不容辞的责任。真能如此，新世纪的人们将会迎来新的希望，人类文明将会走向光辉的彼岸。

附　录

附录一　普通话水平测试用必读轻声词语表

说明：

1. 收词范围是普通话水平测试第二项中所有可能出现的轻声词语。

2. 共收词 594 条，按汉语拼音字母顺序排列。

爱人 àiren	案子 ànzi	巴结 bājie	巴掌 bāzhang	把子 bǎzi
把子 bàzi	爸爸 bàba	白净 báijing	班子 bānzi	板子 bǎnzi
帮手 bāngshou	梆子 bāngzi	膀子 bǎngzi	棒槌 bàngchui	棒子 bàngzi
包袱 bāofu	包子 bāozi	刨子 bàozi	豹子 bàozi	杯子 bēizi
被子 bèizi	本事 běnshi	本子 běnzi	鼻子 bízi	比方 bǐfang
鞭子 biānzi	扁担 biǎndan	辫子 biànzi	别扭 bièniu	饼子 bǐngzi
脖子 bózi	薄荷 bòhe	簸箕 bòji	补丁 bǔding	不由得 bùyóude
步子 bùzi	部分 bùfen	财主 cáizhu	裁缝 cáifeng	苍蝇 cāngying
差事 chāishi	柴火 cháihuo	肠子 chángzi	厂子 chǎngzi	场子 chǎngzi
车子 chēzi	称呼 chēnghu	池子 chízi	尺子 chǐzi	虫子 chóngzi
绸子 chóuzi	出息 chūxi	除了 chúle	锄头 chútou	畜生 chùsheng
窗户 chuānghu	窗子 chuāngzi	锤子 chuízi	伺候 cìhou	刺猬 cìwei
凑合 còuhe	村子 cūnzi	耷拉 dāla	答应 dāying	打扮 dǎban
打点 dǎdian	打发 dǎfa	打量 dǎliang	打算 dǎsuan	打听 dǎting
打招呼 dǎzhāohu	大方 dàfang	大爷 dàye	大意 dàyi	大夫 dàifu
带子 dàizi	袋子 dàizi	单子 dānzi	耽搁 dānge	耽误 dānwu
胆子 dǎnzi	担子 dànzi	刀子 dāozi	道士 dàoshi	稻子 dàozi
灯笼 dēnglong	凳子 dèngzi	提防 dīfang	滴水 dīshui(名词)	笛子 dízi
嘀咕 dígu	底子 dǐzi	地道 dìdào	地方 dìfang	弟弟 dìdi
弟兄 dìxiong	点心 diǎnxin	点子 diǎnzi	调子 diàozi	碟子 diézi
钉子 dīngzi	东家 dōngjia	东西 dōngxi	动静 dòngjing	动弹 dòngtan

豆腐 dòufu	豆子 dòuzi	嘟囔 dūnang	肚子 dùzi	肚子 dǔzi
端详 duānxiáng	缎子 duànzi	队伍 duìwu	对付 duìfu	对头 duìtou
对子 duìzi	多么 duōme	哆嗦 duōsuo	蛾子 ézi	儿子 érzi
耳朵 ěrduo	贩子 fànzi	房子 fángzi	废物 fèiwù	分子 fènzi
风筝 fēngzheng	疯子 fēngzi	福气 fúqi	斧子 fǔzi	富余 fùyu
盖子 gàizi	甘蔗 gānzhe	杆子 gānzi	杆子 gǎnzi	干事 gànshi
杠子 gàngzi	高粱 gāoliang	膏药 gāoyao	稿子 gǎozi	告诉 gàosu
疙瘩 gēda	哥哥 gēge	胳膊 gēbo	鸽子 gēzi	格子 gézi
个子 gèzi	根子 gēnzi	跟头 gēntou	工夫 gōngfu	弓子 gōngzi
公公 gōnggong	功夫 gōngfu	钩子 gōuzi	姑姑 gūgu	姑娘 gūniang
谷子 gǔzi	骨头 gǔtou	故事 gùshi	寡妇 guǎfu	褂子 guàzi
怪不得 guàibude	怪物 guàiwu	关系 guānxi	官司 guānsi	棺材 guāncai
罐头 guàntou	罐子 guànzi	规矩 guīju	闺女 guīnü	鬼子 guǐzi
柜子 guìzi	棍子 gùnzi	果子 guǒzi	哈欠 hāqian	蛤蟆 háma
孩子 háizi	含糊 hánhu	汉子 hànzi	行当 hángdang	合同 hétong
和尚 héshang	核桃 hétao	盒子 hézi	恨不得 hènbude	红火 hónghuo
猴子 hóuzi	后头 hòutou	厚道 hòudao	狐狸 húli	胡萝卜 húluóbo
胡琴 húqin	胡子 húzi	葫芦 húlu	糊涂 hútu	护士 hùshi
皇上 huángshang	幌子 huǎngzi	活泼 huópo	火候 huǒhou	伙计 huǒji
机灵 jīling	记号 jìhao	记性 jìxing	夹子 jiāzi	家伙 jiāhuo
架势 jiàshi	架子 jiàzi	嫁妆 jiàzhuang	尖子 jiānzi	茧子 jiǎnzi
剪子 jiǎnzi	见识 jiànshi	毽子 jiànzi	将就 jiāngjiu	交情 jiāoqing
饺子 jiǎozi	叫唤 jiàohuan	轿子 jiàozi	结实 jiēshi	街坊 jiēfang
姐夫 jiěfu	姐姐 jiějie	戒指 jièzhi	芥末 jièmo	金子 jīnzi
精神 jīngshen	镜子 jìngzi	舅舅 jiùjiu	橘子 júzi	句子 jùzi
卷子 juànzi	开通 kāitong	靠得住 kàodezhù	咳嗽 késou	客气 kèqi
空子 kòngzi	口袋 kǒudai	口子 kǒuzi	扣子 kòuzi	窟窿 kūlong
裤子 kùzi	快活 kuàihuo	筷子 kuàizi	框子 kuàngzi	阔气 kuòqi
拉扯 lāche	喇叭 lǎba	喇嘛 lǎma	来得及 láidejí	篮子 lánzi
懒得 lǎnde	榔头 lángtou	浪头 làngtou	唠叨 láodao	老婆 lǎopo
老实 lǎoshi	老太太 lǎotàitai	老头子 lǎotóuzi	老爷 lǎoye	老爷子 lǎoyézi
老子 lǎozi	姥姥 lǎolao	累赘 léizhui	篱笆 líba	里头 lǐtou
力气 lìqi	厉害 lìhai	利落 lìluo	利索 lìsuo	例子 lìzi
栗子 lìzi	痢疾 lìji	连累 liánlei	帘子 liánzi	凉快 liángkuai
粮食 liángshi	两口子 liǎngkǒuzi	料子 liàozi	林子 línzi	铃铛 língdang
翎子 língzi	领子 lǐngzi	溜达 liūda	聋子 lóngzi	笼子 lóngzi

炉子 lúzi	路子 lùzi	轮子 lún zi	啰唆 luōsuo	萝卜 luóbo
骡子 luózi	骆驼 luòtuo	妈妈 māma	麻烦 máfan	麻利 má li
麻子 mázi	马虎 mǎhu	码头 mǎtou	买卖 mǎimai	麦子 màizi
馒头 mántou	忙活 mánghuo	冒失 màoshi	帽子 màozi	眉毛 méimao
媒人 méiren	妹妹 mèimei	门道 méndao	眯缝 mīfeng	迷糊 míhu
面子 miànzi	苗条 miáotiao	苗头 miáotou	苗子 miáozi	名堂 míngtang
名字 míngzi	明白 míngbai	蘑菇 mógu	模糊 móhu	木匠 mùjiang
木头 mùtou	那么 nàme	奶奶 nǎinai	难为 nánwei	脑袋 nǎodai
脑子 nǎozi	能耐 néngnai	你们 nǐmen	念叨 niàndao	念头 niàntou
娘家 niángjiā	镊子 nièzi	奴才 núcai	女婿 nǚxu	暖和 nuǎnhuo
疟疾 nuèji	拍子 pāizi	牌楼 páilou	牌子 páizi	盘算 pánsuan
盘子 pánzi	胖子 pàngzi	狍子 páozi	袍子 páozi	盆子 pénzi
朋友 péngyou	棚子 péngzi	脾气 píqi	皮子 pízi	痞子 pǐzi
屁股 pìgu	片子 piànzi	便宜 piányi	骗子 piànzi	票子 piàozi
漂亮 piàoliang	瓶子 píngzi	婆家 pójia	婆婆 pópo	铺盖 pūgai
欺负 qīfu	旗子 qízi	前头 qiántou	钳子 qiánzi	茄子 qiézi
亲戚 qīnqi	勤快 qínkuai	清楚 qīngchu	亲家 qìngjia	曲子 qǔzi
圈子 quānzi	拳头 quántou	裙子 qúnzi	热闹 rènao	人家 rénjia
人们 rénmen	认识 rènshi	日子 rìzi	褥子 rùzi	塞子 sāizi
嗓子 sǎngzi	嫂子 sǎozi	扫帚 sàozhou	沙子 shāzi	傻子 shǎzi
扇子 shànzi	商量 shāngliang	晌午 shǎngwǔ	上司 shàngsi	上头 shàngtou
烧饼 shāobing	勺子 sháozi	少爷 shàoye	哨子 shàozi	舌头 shétou
舍不得 shěbude	舍得 shěde	身子 shēnzi	什么 shénme	婶子 shěnzi
生意 shēngyi	牲口 shēngkou	绳子 shéngzi	师父 shīfu	师傅 shīfu
虱子 shīzi	狮子 shīzi	石匠 shíjiang	石榴 shíliu	石头 shítou
时辰 shíchen	时候 shíhou	实在 shízai	拾掇 shíduo	使唤 shǐhuan
世故 shìgu	似的 shìde	事情 shìqing	试探 shìtan	柿子 shìzi
收成 shōucheng	收拾 shōushi	首饰 shǒushi	叔叔 shūshu	梳子 shūzi
舒服 shūfu	舒坦 shūtan	疏忽 shūhu	爽快 shuǎngkuai	思量 sīliang
俗气 súqi	算计 suànji	岁数 suìshu	孙子 sūnzi	他们 tāmen
它们 tāmen	她们 tāmen	踏实 tāshi	台子 táizi	太太 tàitai
摊子 tānzi	坛子 tánzi	毯子 tǎnzi	桃子 táozi	特务 tèwu
梯子 tīzi	蹄子 tízi	甜头 tiántou	挑剔 tiāoti	挑子 tiāozi
条子 tiáozi	跳蚤 tiàozao	铁匠 tiějiang	亭子 tíngzi	头发 tóufa
头子 tóuzi	兔子 tùzi	妥当 tuǒdang	唾沫 tuòmo	挖苦 wāku
娃娃 wáwa	袜子 wàzi	外甥 wàisheng	外头 wàitou	晚上 wǎnshang

尾巴 wěiba	委屈 wěiqu	为了 wèile	位置 wèizhi	位子 wèizi
温和 wēnhe	蚊子 wénzi	稳当 wěndang	窝囊 wōnang	我们 wǒmen
屋子 wūzi	稀罕 xīhan	席子 xízi	媳妇 xífu	喜欢 xǐhuan
瞎子 xiāzi	匣子 xiázi	下巴 xiàba	吓唬 xiàhu	先生 xiānsheng
乡下 xiāngxia	箱子 xiāngzi	相声 xiàngsheng	消息 xiāoxi	小伙子 xiǎohuǒzi
小气 xiǎoqi	小子 xiǎozi	笑话 xiàohua	歇息 xiēxi	蝎子 xiēzi
鞋子 xiézi	谢谢 xièxie	心思 xīnsi	星星 xīngxing	猩猩 xīngxing
行李 xíngli	行头 xíngtou	性子 xìngzi	兄弟 xiōngdi	休息 xiūxi
秀才 xiùcai	秀气 xiùqi	袖子 xiùzi	靴子 xuēzi	学生 xuésheng
学问 xuéwen	丫头 yātou	鸭子 yāzi	衙门 yámen	哑巴 yǎba
胭脂 yānzhi	烟筒 yāntong	眼睛 yǎnjing	燕子 yànzi	秧歌 yāngge
养活 yǎnghuo	样子 yàngzi	吆喝 yāohe	妖精 yāojing	钥匙 yàoshi
椰子 yēzi	爷爷 yéye	叶子 yèzi	一辈子 yíbèizi	一揽子 yìlǎnzi
衣服 yīfu	衣裳 yīshang	椅子 yǐzi	意思 yìsi	银子 yínzi
影子 yǐngzi	应酬 yìngchou	柚子 yòuzi	芋头 yùtou	冤家 yuānjia
冤枉 yuānwang	园子 yuánzi	院子 yuànzi	月饼 yuèbing	月亮 yuèliang
云彩 yúncai	运气 yùnqi	在乎 zàihu	咱们 zánmen	早上 zǎoshang
怎么 zěnme	扎实 zhāshi	眨巴 zhǎba	栅栏 zhàlan	宅子 zháizi
寨子 zhàizi	张罗 zhāngluo	丈夫 zhàngfu	帐篷 zhàngpeng	丈人 zhàngren
帐子 zhàngzi	招呼 zhāohu	招牌 zhāopai	折腾 zhēteng	这个 zhège
这么 zhème	枕头 zhěntou	芝麻 zhīma	知识 zhīshi	侄子 zhízi
指甲 zhījia	指头 zhǐtou	种子 zhǒngzi	珠子 zhūzi	竹子 zhúzi
主意 zhǔyi	主子 zhǔzi	柱子 zhùzi	爪子 zhuǎzi	转悠 zhuànyou
庄稼 zhuāngjia	庄子 zhuāngzi	壮实 zhuàngshi	状元 zhuàngyuan	锥子 zhuīzi
桌子 zhuōzi	字号 zìhao	自在 zìzai	粽子 zòngzi	祖宗 zǔzong
嘴巴 zuǐba	作坊 zuōfang	琢磨 zuómo	做作 zuòzuo	

附录二　普通话水平测试用儿化词语表

说明：

1. 本表参照《普通话水平测试用普通话词语表》及《现代汉语词典》（第7版）编制。

2. 本表仅供普通话水平测试第二项——读多音节词语（100个音节）测试使用。本表儿化音节，在书面上一律加“儿”，但并不表明所列词语在任何语用场合都必须儿化。

3. 本表共收词200条，列出原形韵母及其对应的儿化韵，用符号“＞”表示由某个原形韵母变为儿化韵。描写儿化韵中的“:”表示“:”之前是主要元音（韵腹），不是介音（韵头）。

4. 本表的汉语拼音注音，只在基本形式后面加r，如“一会儿 yīhuìr”，不标语音上的实际变化。

第一部分

a＞ar	板擦儿 bǎncār	打杂儿 dǎzár	刀把儿 dāobàr
	号码儿 hàomǎr	没法儿 méifǎr	戏法儿 xìfǎr
	找碴儿 zhǎochár		
ai＞ar	壶盖儿 húgàir	加塞儿 jiāsāir	名牌儿 míngpáir
	小孩儿 xiǎoháir	鞋带儿 xiédàir	
an＞ar	包干儿 bāogānr	笔杆儿 bǐgǎnr	快板儿 kuàibǎnr
	老伴儿 lǎobànr	脸蛋儿 liǎndànr	脸盘儿 liǎnpánr
	门槛儿 ménkǎnr	收摊儿 shōutānr	蒜瓣儿 suànbànr
	栅栏儿 zhàlanr		

第二部分

ang＞ar	赶趟儿 gǎntàngr	瓜瓤儿 guārángr	香肠儿 xiāngchángr
	药方儿 yàofāngr		

第三部分

ia＞iar	掉价儿 diàojiàr	豆芽儿 dòuyár	一下儿 yīxiàr
ian＞iar	半点儿 bàndiǎnr	差点儿 chàdiǎnr	坎肩儿 kǎnjiānr
	拉链儿 lāliànr	聊天儿 liáotiānr	露馅儿 lòuxiànr
	冒尖儿 màojiānr	扇面儿 shànmiànr	馅儿饼 xiànrbǐng

	小辫儿 xiǎobiànr	心眼儿 xīnyǎnr	牙签儿 yáqiānr
	一点儿 yīdiǎnr	有点儿 yǒudiǎnr	雨点儿 yúdiǎnr

第四部分

iang>iar	鼻梁儿 bíliángr	花样儿 huāyàngr	透亮儿 tòuliàngr
ua>uar	大褂儿 dàguàr	麻花儿 máhuār	马褂儿 mǎguàr
	脑瓜儿 nǎoguār	小褂儿 xiǎoguàr	笑话儿 xiàohuar
	牙刷儿 yáshuār		
uai>uar	一块儿 yīkuàir		
uan>uar	茶馆儿 cháguǎnr	打转儿 dǎzhuǎnr	大腕儿 dàwànr
	饭馆儿 fànguǎnr	拐弯儿 guǎiwānr	好玩儿 hǎowánr
	火罐儿 huǒguànr	落款儿 luòkuǎnr	

第五部分

uang>uar(鼻化)　打晃儿 dǎhuàngr　蛋黄儿 dànhuángr　天窗儿 tiānchuāngr

第六部分

üan>üar	包圆儿 bāoyuánr	出圈儿 chūquānr	绕远儿 ràoyuǎnr
	人缘儿 rényuánr	手绢儿 shǒujuànr	烟卷儿 yānjuǎnr
	杂院儿 záyuànr		

第七部分

ei>er	刀背儿 dāobèir	摸黑儿 mōhēir	
en>er	把门儿 bǎménr	别针儿 biézhēnr	大婶儿 dàshěnr
	刀刃儿 dāorènr	高跟儿鞋 gāogēnrxié	哥们儿 gēmener
	后跟儿 hòugēnr	花盆儿 huāpénr	老本儿 lǎoběnr
	面人儿 miànrénr	纳闷儿 nàmènr	嗓门儿 sǎngménr
	小人儿书 xiǎorénrshū	杏仁儿 xìngrénr	压根儿 yāgēnr
	走神儿 zǒushénr		

第八部分

eng>er(鼻化)	脖颈儿 bógěngr	钢镚儿 gāngbèngr	夹缝儿 jiāfèngr
	提成儿 tíchéngr		

第九部分

ie>ier	半截儿 bànjiér	小鞋儿 xiǎoxiér

üe > üer　旦角儿 dànjuér　主角儿 zhǔjuér

第十部分

uei>uer　耳垂儿 ěrchuír　墨水儿 mòshuǐr　跑腿儿 páotuǐr
　围嘴儿 wéizuǐr　一会儿 yīhuìr　走味儿 zǒuwèir
uen>uer　冰棍儿 bīnggùnr　打盹儿 dádǔnr　光棍儿 guānggùnr
　开春儿 kāichūnr　没准儿 méizhǔnr　胖墩儿 pàngdūnr
　砂轮儿 shālúnr
ueng>uer(鼻化)　小瓮儿 xiǎowèngr

第十一部分

—i(前)>er　瓜子儿 guāzǐr　没词儿 méicír　石子儿 shízǐr
　挑刺儿 tiāocìr
—i(后)>er　记事儿 jìshìr　锯齿儿 jùchǐr　墨汁儿 mòzhīr

第十二部分

i>i:er　垫底儿 diàndǐr　肚脐儿 dùqír　玩意儿 wányìr
　针鼻儿 zhēnbír
in>i:er　脚印儿 jiǎoyìnr　送信儿 sòngxìnr　有劲儿 yǒujìnr

第十三部分

ing>i:er(鼻化)　打鸣儿 dǎmíngr　蛋清儿 dànqīngr　花瓶儿 huāpíngr
　火星儿 huǒxīngr　门铃儿 ménlíngr　人影儿 rényǐngr
　图钉儿 túdìngr　眼镜儿 yǎnjìngr

第十四部分

ü>ü:er　毛驴儿 máolǘr　痰盂儿 tányúr　小曲儿 xiǎoqǔr
ün>ü:er　合群儿 héqúnr

第十五部分

e>er　挨个儿 āigèr　唱歌儿 chànggēr　打嗝儿 dǎgér
　单个儿 dāngèr　逗乐儿 dòulèr　饭盒儿 fànhér
　模特儿 mótèr

第十六部分

u>ur　泪珠儿 lèizhūr　梨核儿 líhúr　没谱儿 méipǔr
　碎步儿 suìbùr　媳妇儿 xífùr　有数儿 yǒushùr

第十七部分

ong>or(鼻化)　抽空儿 chōukòngr　果冻儿 guǒdòngr　胡同儿 hútóngr
　酒盅儿 jiǔzhōngr　门洞儿 méndòngr　小葱儿 xiǎocōngr
iong>ior(鼻化)　小熊儿 xiǎoxióngr

第十八部分

ao>aor　半道儿 bàndàor　灯泡儿 dēngpàor　红包儿 hóngbāor
　叫好儿 jiàohǎor　绝招儿 juézhāor　口哨儿 kǒushàor
　口罩儿 kǒuzhàor　蜜枣儿 mìzǎor　手套儿 shǒutàor
　跳高儿 tiàogāor

第十九部分

iao>iaor　豆角儿 dòujuér　火苗儿 huǒmiáor　开窍儿 kāiqiàor
　面条儿 miàntiáor　跑调儿 pǎodiàor　鱼漂儿 yúpiāor

第二十部分

ou>our　个头儿 gètóur　老头儿 lǎotóur　门口儿 ménkǒur
　年头儿 niántóuér　纽扣儿 niǔkòur　线轴儿 xiànzhóur
　小丑儿 xiáochǒuér　小偷儿 xiǎotōuér　衣兜儿 yīdōur

第二十一部分

iou>iour　顶牛儿 dǐngniúr　加油儿 jiāyóur　棉球儿 miánqiúr
　抓阄儿 zhuājiūr

第二十二部分

uo>uor　被窝儿 bèiwōr　出活儿 chūhuór　大伙儿 dàhuǒr
　火锅儿 huǒguōr　绝活儿 juéhuór　小说儿 xiǎoshuōr
　邮戳儿 yóuchuōr　做活儿 zuòhuór
(o)>or　耳膜儿 ěrmór　粉末儿 fěnmòr

附录三　普通话多音字词的正确读法

（以PSC词语题库中部分字词为例）

第一部分

血——书面语含xuè，口语、单用时念xiě：高血压、鲜血、心血、白血病、败血症、碧血、补血、充血、出血、大出血、流血、脑溢血、内出血、呕血、贫血、失血、输血、血本、血迹、血库、血泪、血肉、血色、血栓、血水、血腥、血性、血渍、血晕（中医术语）、瘀血。

注意没有xuě的读音。

应——没什么规律，死记的。yīng：应当、应该、理应、一应、应届、应名儿、应声（出声回答）、应许、应允。yìng：对应、反应、供应、适应、应用、策应、应变、应答、应对、应和、应急、应景、应考、应声（应声而至）、应时、应试、应验、应运、应战、应诊、应征、支应。

晕——没什么规律，死记的。yūn：晕（他晕我）、头晕、晕头晕脑、晕头转向、晕倒、晕厥。yùn：红晕、日晕、血晕（皮下的瘀血）、血晕（中医术语）、眩晕、眼晕、月晕、晕车、晕船。

扎——绕直径方向的念zā：包扎、结扎、扎（扎小辫）。沿垂直方向有深度的念zhā：扎实、驻扎、屯扎、扎根、扎营、扎针。另外牢记：扎手、扎眼。

载——刊登念zǎi：记载、登载、刊载、连载、转载（转载文章）、三年五载。装载念zài：载重、超载、承载、运载、载波、载荷、载体、装载、下载，有一特例：载歌载舞（成语）。

爪——在书面语、构词时念zhǎo：魔爪、爪牙。在口语、单用时念zhuǎ：爪子、爪儿。

转——直线平移时念zhuǎn：转播、转达、转换、转交、转移、掉转、转关系、转动（转身活动）、转向（转变方向）。绕轴运动时念zhuàn：二人转、空转、轮转、捻捻转儿、转椅、转动（水磨转动）、转向（晕头转向）。另外牢记zhuǎn：旋转、运转。

钻——作动词时念zuān：钻研、刁钻、钻空子、钻营、钻探。作名词时念zuàn：钻石、电钻、风钻、钻床、钻机、钻戒、钻塔、钻头。

多音词语示例（PSC题库词语部分）

朝阳——zhāoyáng：朝阳是初升的太阳。　cháoyáng：房间方向朝阳。

当年——dāngnián：想当年。　dàngnián：当年投产，当年获益。

倒车——dàochē：倒车请注意。　dǎochē：倒车去北京。

地方——dì. fang：这话有对的地方。　dìfāng：中央（军队）与地方。

调配——diàopèi：男女比例调配合理。　tiáopèi：他正在调配药物。

供养——gòngyǎng：供养先人（祖先）。　gōngyǎng：供养父母。

过去——guò. qu：我过去看看。　guòqù：过去的好时光。

好事——hǎoshì：办了好事。　hàoshì：好事之徒。

结果——jiēguǒ：开花结果。 jiéguǒ：好成绩是用功的结果。

尽量——jǐnliàng：写文章要尽量简明一些。 jìnliàng：酒少没能尽量。

精神——jīng. shen：越干越精神。 jīngshén：精神面貌。

开通——kāi. tong：思想很开通。 kāitōng：开通航线。

利害——lì. hai：很利害。 lìhài：不计利害。

男人——nán. ren：他是我男人（指丈夫）。 nánrén：成年男人。

难处——nánchǔ：我和他很难相处。 nán. chu：各有各的难处。

女人——nǚ. ren：她是我女人（指妻子）。 nǚrén：成年女人。

人家——rén. jia：把东西还给人家。 rénjiā：光荣人家。

同行——tóngxíng：两人一路同行。 tóngháng：我们是同行。

温和——wēn. huo：粥还温和着。 wēnhé：气候很温和。

一晃——yíhuàng：十年一晃就过去了。 yìhuǎng：在眼前一晃就没了。

应声——yìngshēng：应声而至。 yīngshēng：有人应声了。

正当——zhèngdàng：正当防卫。 zhèngdāng：正当春耕大忙时节。

转动——zhuàndòng：水流使磨转动。 zhuǎndòng：她腰身转动自如。

转向——zhuǎnxiàng：转向灯。 zhuànxiàng：晕头转向。

琢磨——zuó. mo：你琢磨一下儿回答我。 zhuómó：琢磨玉石。

第二部分

结——jiē：结巴、结实、结果（开花结果）。其他都念 jié。

禁——与忍受有关时念 jīn：不禁、禁不起、禁不住、禁受。与制止有关时念 jìn：禁止、严禁、禁闭、禁地、禁忌、宵禁、软禁、失禁、违禁。

尽——无法归纳，牢记。jǐn：尽管、尽快、尽量（尽量节约）、尽先。jìn：尽力、尽量（你喝少了，没尽量）、尽情、尽头、尽心、尽兴、尽职、尽忠、穷尽、详尽、自尽。

劲——与力气有关时念 jìn：带劲、干劲、起劲、使劲、一个劲儿、不得劲、差劲、后劲。特别强调时念 jìng：苍劲、刚劲、劲旅、劲敌、强劲、雄劲。

卡——与外来语有关时念 kǎ：卡车、卡片、大卡、卡尺、卡介苗、卡钳、卡通、卡宾枪。不是外来语的、与关口有关时念 qiǎ：边卡、关卡、卡脖子、卡具、卡壳、卡子、哨卡。

壳——口语念 ké：贝壳、壳（蛋壳）、驳壳枪、弹壳、卡壳。书面语念 qiào：地壳、甲壳、躯壳。

累——特别记 léi：累赘。与积攒有关时念 lěi：积累、累次、累积、累及、累进、连累、拖累。与体力有关时念 lèi：累（累了）、劳累、受累。

露——口语、单用时念 lòu：露面、泄露、露脸、露马脚。书面语、构词时念：lù：暴露、揭露、流露、白露、败露、表露、赤露、甘露、寒露、花露水、露骨、露水、露天、露营、露珠、裸露、披露、袒露、透露、吐露、显露、雨露、朝露。

埋——特别记 mán：埋怨（轻声）。其他都是念 mái。

模——特别记 mó:模式。mú:模样、冲模、模子、铜模、字模。

宁——与宁静有关时念 níng:安宁、宁静、宁日。其他都念(包括姓氏)nìng:宁可、宁肯、宁愿。

片——没什么严格规律。大多数儿化词念 piān:唱片儿、相片儿、影片儿、照片儿、片子(仅指电影片子、X 光片子)。piàn:唱片、相片、影片、照片、片子(名片、铁片子)、刀片儿、片儿会、片儿汤、图片(通常没有相对的儿化词)。

悄——叠用音念 qiāo:静悄悄、悄悄。其他都念 qiǎo:悄然,悄没声儿。

翘——书面语、构词时念 qiáo:翘首。口语、单用时念 qiào:翘尾巴。

亲——除了 qìng:亲家、亲家公、亲家母,其他都念 qīn。

曲——和音乐有关时念 qǔ,其他都念 qū:曲线、曲折、歪曲、弯曲、曲尺、曲棍球、曲解、曲直、蜷曲。特别记 qū:大曲。

葚——儿化时念 rèn:桑葚儿。不儿化时念 shèn:桑葚。

塞——口语、单用时念 sāi:塞(把眼儿塞上)、耳塞(耳麦)、塞子。书面语、构词时念 sè:闭塞、堵塞、充塞、梗塞、喉塞音、塞责、栓塞、搪塞、淤塞、阻塞。与边疆地域有关时念 sài:边塞、要塞、塞外。

散——形容词性时念 sǎn:散文、拆散(把整套的邮票拆散)、懒散、零散、散光、散剂、散漫、散装、松散(结构松散)、闲散。动词性时念 sàn:分散、涣散、离散、遣散、散落。

似——后面跟“的”时念 shì:似的。不跟“的”时念 sì:近似、类似、似乎、相似、好似、恰似、神似、胜似、形似。

为——作动词时念 wéi:成为、人为、认为、为难、为期、为首。作介词时念 wèi:为了、为何、为什么、因为。

削——口语、单用时念 xiāo:削(削铅笔)、切削。书面语、构词时念 xuē:剥削、削减、削弱、瘦削。

肖——只有姓氏念 xiāo:肖。其他都念 xiào:肖像、不肖、生肖。

第三部分

屏——特别记 bǐng:屏除、屏气、屏退。píng:屏障、画屏、屏风、屏幕。

场(名词)——有关农村的几个词念 cháng:场院、打场、扬场。其他都念 chǎng:操场、场地、场合、场面、场所、赛场、刑场。

场(量词)——只有文体活动时念 chǎng:一场电影、一场球赛。大部分念 cháng:一场大雨、一场病、一场战争、空欢喜一场。

称——有对称之意时念 chèn:称心、对称、称愿、称职、相称、匀称。有叫作、称颂意思时念 chēng:称号、称呼、称赞、称雄、称霸、简称、名称、宣称、职称、爱称、别称、称便、称道、称快、称赏、称说、称颂、称谓、称谢、称许、称誉、口称、号称、人称、声称、通称、统称、妄称、著称、自称、尊称。

匙——chí:茶匙、羹匙、汤匙。只有在轻声读法时念 shi:钥匙(轻声)。

裳——cháng：红颜霓裳。只有在轻声读法时念 shang：衣裳（轻声）。

处——大多在作动词时念 chǔ：查处、处罚、处方、处分、处境、处决、处理、处于、处置、难处（我和他很难处）、处理品（名）、惩处、处女（名）、处女地（名）、处事、处死、判处、裁处、处世、处暑、处刑、处治、共处、惩处、热处理、审处、调处、相处。表示处所（地方）的名词中念 chù：别处、到处、处所、短处、痛处、管理处、处长、处所、深处、四处、处处、出处、去处。

创——跟伤口有关时念 chuāng：创痕、创面、创伤、重创。跟创造有关时念 chuàng：创建、创立、创新、创业、创造、创办、创作、首创、初创、创见、创举、创刊、创设、创始、创制、独创。

当——很难总结规律，仅举出经常用错的词例说明。dàng：当做、恰当、适当、当真、正当（正当行为）、当年（强调同一年）、当日（强调同一日）、当天（强调同一天）、当时（强调同一时刻）、当真、失当、不当。dāng：正当（正处在）、当年（过去的某一年）、当日（过去的某一日）、当天（过去的某一天）、当时（1988 年，当时我 30 岁）、当初、当地。

钉——作名词时念 dīng：钉（钉子）、螺丝钉、碰钉子、钉耙、螺钉、图钉、眼中钉。作动词时念 dìng：钉（钉扣子）。

读——特别记 dòu：句读（断句）。其他都念 dú。

肚——指动物的胃或鱼鳔时念 dǔ：爆肚儿、鱼肚儿。指人的肚子时念 dù：肚。

给——口语、单用时念 gěi：给（给他东西）、给以。书面语、构词时念 jǐ：给予、供给、补给、给养、配给、自给。

供——有给的意思时念 gōng：供给、供销、供应、提供、供求、供养（供养老人）。与审讯有关时念 gòng：逼供、串供、供词、供认、画供、口供、招供；与上供、祭祀有关时念 gòng：上供、供奉、供养（供养先人）、供职（谦辞）。

吓——比较书面语时念 hè：恫吓、恐吓、威吓。比较口语时念 xià：惊吓、吓唬。

几——指小桌子时念 jī：茶几、条几，还有几乎。指多少时念 jǐ：几何、几时、无几。

假——与真相反时念 jiǎ：真假、假如、假定、假冒、假设、假使、假造、虚假。指假期时念 jià：放假、寒假、假期、请假、暑假、病假、休假。

强——与犟有关时 jiàng：强嘴、倔强。与强有力有关时念 qiáng：强加、强行、强调、强烈。有迫使之意时念 qiǎng：勉强、强迫、牵强、强求。

嚼——口语、单用时念 jiáo：嚼（嚼舌）、咬文嚼字。书面语、组词时念 jué：咀嚼。

附录四 《普通话水平测试大纲》普通话常用词语

词的轻重格式是指多音节词的几个音节有约定俗成的轻重差别，轻与重是相对而言，短且弱的音节称为轻，长且强的音节称为重，介于中间的称为中。两字词多为中重格式，如播音、汽车等；三字词多为中中重格式，如共产党、航空港等。发音是听和说的结合，词的轻重格式练习目的是培养自己的听辨能力。由于轻重格式是约定俗成的规律，学习的途径是多听、多积累。

一、轻重格式

1. 双音节词的轻重格式

(1) **中·重**：前一个音节读中音，后一个音节读重音，双音字词绝大部分使用这个格式。

中央　人民　广播　电视　国家　地球　民族　长城　电话
学校　蝴蝶　语法　汽车　出版　和平　绿叶　炊烟　泥土
世界　海洋　孤单　搭铺　羽毛　善良　倔强　面包　蛋糕

(2) **重·中**：前一个音节读次轻音，后一个轻读的音节的原调调值仍可分辨，但不稳定。

干部　工人　手艺　生活　厂长　问题　技能　战士　中国
老鼠　女士　娇气　男子　老虎　诗人　冬天　方便　福利
季度　节日　利益　命令　篇目　轻便　嗜好　私下　文艺

(3) **重·轻**：前一个音节读重音，后一个音节读最轻，即轻声词的结构。

漂亮　窗户　奶奶　尾巴　懂得　接着　椅子　石头　地上
城里　起来　骨头　看看　想想　嫂子　先生　朋友　姑娘
师父　工夫　眼睛　耳朵　胳膊　灯笼　风筝　脑袋　钥匙

2. 三音节词的轻重格式

(1) **中·次轻·重**：第一个音节读重音，第二个音节读次轻音，第三个音节读重音。绝大部分三音节词语读这种格式。

打电话　三角形　掷雪球　电视机　教研室　奥运会　展览馆
博物馆　火车站　立交桥　安理会　急诊室　乒乓球　运动场
自行车　照相册　统治者　扁桃体　视网膜　原子能　分子式
男子汉　探险家　东道主　想象力　染色体　地球仪　冰激凌

(2) **中·重·轻**：第一音节读中音，中间一个音节读重音，末尾的音节读音最轻。

好家伙　老头子　拿架子　做生意　好朋友　胡萝卜　同学们
老师们　小姑娘　凑热闹　打官司　闹别扭　赔不是　做事情

（3）**重·最轻·最轻**：第一个音节读重音，后面两个音节读音最轻。这种格式的三音节词数量较少，有的相当于轻声词后面加上一个轻读的词缀。

朋友们	孩子们	姑娘们	娃娃们	先生们	走出去	拿过来
落下来	冷起来	跑下来	跳起来	桌子上	出来了	屋子里

3. 四音节词的轻重格式

（1）**中·次轻·中·重**：第一个和第三个音节读中音，第二个音节读次轻音，末尾一个音节读重音。绝大多数四音节词都是这个格式，包括四字成语在内。

二氧化碳	心明眼亮	五湖四海	万古长青	一马当先
画蛇添足	天长地久	龙潭虎穴	心旷神怡	小心翼翼
至高无上	班门弄斧	死记硬背	推心置腹	众目睽睽
断断续续	慌里慌张	嘻嘻哈哈	清清楚楚	形形色色
热热闹闹	北京大学	乌鲁木齐	全国人大	

（2）**中·次轻·重·最轻**：重音在第三个音节，第一个音节读中音，有两个轻读音节，第二个音节读次轻音，末尾的音节读最轻音。这种格式在四音节词中占极少数。

如意算盘　　外甥媳妇(儿)

（3）**重·最轻·最轻·最轻**。

跑上来了　　跑了上来　　亮起来了　　亮了起来

二、应读“重·中”格式的词语

a	阿门	爱护	爱惜	安顿	安排	安全	安全	安稳
	安置	暗下	傲气					
b	巴望	把柄	把握	霸气	白菜	白露	摆弄	拜望
	斑鸠	搬弄	办法	扮相	博士	帮助	包庇	宝贝
	报务	倍数	鼻涕	比喻	编辑	便利	表示	别是
	病人	布置						
c	才气	材料	财神	参与	操持	岔口	差役	产物
	产业	长度	敞亮	车钱	成绩	成全	承应	乘务
	程度	程序	尺度	充裕	承认	处分	仇人	臭虫
	处置	春天	绰号	次数	次序	刺激	聪明	错误
d	答复	打开	待遇	担待	倒换	倒是	敌人	嫡系
	地步	地势	地位	冬瓜	冬天	董事	动物	动作
	斗笠	督促	读物	度量				
e	恩人							
f	翻译	反应	犯人	方便	方式	防备	分析	风气
	凤凰	缝隙	伏天	服务	福利	富裕		
g	干预	干部	根据	工程	购置	估计	观望	

j	吉他	纪律	技术	季度	家务	家业	价目	建筑
	将军	讲究	匠人	将士	交待	交代	交际	较量
	教育	接济	节目	节日	解释	界限	界线	今天
	进度	近视	进士	经济	韭菜	救济	局势	剧目
	觉悟	爵士	军人	军事				
k	刊物	控制						
l	老虎	礼数	里面	力度	利益	利用	联络	联系
	劣势	猎物	邻居	吝啬	灵气	零碎	伦巴	
m	埋怨	面积	名分	命令	摩托	模样	目的	
n	男生	男子	南瓜	南面	能手	女儿	女士	女子
o	偶尔							
p	牌坊	喷嚏	批评	僻静	篇目	破费	菩萨	
q	蹊跷	气氛	气候	气量	气质	器物	器重	恰当
	迁就	牵涉	牵连	前天	轻快	轻便	清静	请示
	穷人	秋季	秋千	去处	趣味	权利	权力	劝慰
r	人气	荣誉	容易	若是				
s	杀气	伤势	商议	设计	设置	射手	深度	甚至
	生机	生物	生气	声势	声音	省份	圣人	诗人
	事物	实惠	时务	士气	世道	事故	事务	适应
	嗜好	手气	手势	手艺	熟悉	数目	顺序	树木
	硕士	税务	私下	素质	速度	算是		
t	太监	太阳	探戈	堂上	体会	天气	天上	添置
	条例	调剂	统计	痛处	头目	腿脚	退伍	托福
w	威风	围裙	维护	卫士	文凭	文书	文艺	武士
	物质	误会						
x	习气	席位	媳妇	戏弄	系数	细致	下午	嫌弃
	显示	乡里	相亲	香椿	项目	销路	孝顺	孝敬
	效率	效益	效应	心计	信任	信誉	信用	刑具
	刑事	形式	形势	兴致	性质	休克	序数	学问
y	烟囱	延误	盐分	掩饰	样式	药材	药物	要不
	业务	医务	仪器	仪式	贻误	遗弃	义务	艺术
	义气	印台	印象	影壁	应承	勇士	犹豫	右面
	幼稚	于是	院士	愿望	月份	月季	乐器	运动
z	杂货	杂种	责任	债务	战士	账目	障碍	招待
	这里	这样	职务	壮士	滋味	字据	智力	重量
	重视	作用	作物	组织	左面	智慧	珍惜	政治
	姿势							

附录五　学习普通话的提升资料

第一部分　儿　　歌

[天上有个日头]

天上有个日头，地下有块石头，
嘴里有个舌头，手上有五个手指头，
不管是天上的热日头，地下的硬石头，
嘴里的软舌头，手上的手指头，
还是热日头，硬石头，软舌头，
手指头，反正都是练舌头。

[小丽小齐学捏梨]

盘里放着一个梨，桌上放块橡皮泥，小丽和小齐学捏梨，
眼看梨，手捏梨，一会儿捏成一个梨。
比一比，真梨假梨差不离。

[妞妞牛牛]

牛牛要吃河边柳，妞妞赶牛牛不走。
妞妞护柳扭牛头，牛牛扭头瞅妞妞，
妞妞扭牛牛更拗，牛牛要顶小妞妞，
妞妞捡起小石头，吓得牛牛扭头走。

[方幌子，黄幌子]

方幌子，黄幌子，方幌子是黄幌子，黄幌子是方幌子。
晃动方幌子，是晃动黄幌子，晃动黄幌子，是晃动方幌子。

[画凤凰]

粉红红墙上画凤凰，凤凰画在粉红红墙。
红凤凰，粉凤凰，红粉凤凰，花凤凰。

[化肥会挥发]

化肥会挥发。黑化肥会发灰,灰化肥发黑。
黑化肥发灰会挥发,灰化肥挥发会发黑。
黑化肥发灰挥发会花飞,灰化肥挥发发黑会飞花。

[妈妈妞妞]

妈妈骑马,马慢,妈妈骂马。
妞妞轰牛,牛拧,妞妞拧牛。

[扁担长,板凳宽]

扁担长,板凳宽,
扁担没有板凳宽,板凳没有扁担长。
扁担绑在板凳上,板凳不让扁担绑在板凳上。
扁担偏要扁担绑在板凳上。

[黄毛猫偷吃灌汤包]

王家有只黄毛猫,偷吃汪家灌汤包,
汪家打死王家的黄毛猫,汪家要王家赔灌汤包。

[盆和棚]

天上一个盆,
地下一个棚,
盆碰棚,棚碰盆,
棚倒了,盆碎了,
是棚赔盆,
还是盆赔棚?

[说眼皮]

眼睛上长眼皮,上有上眼皮,下有下眼皮。
上眼皮真调皮,没事欺负下眼皮。
左眼上眼皮左眼下眼皮,
右眼下眼皮打右眼上眼皮,
左眼下眼皮打不着左眼下眼皮,
右眼下眼皮打不着左眼下眼皮,
左眼下眼皮打不着右眼上眼皮,

右眼上眼皮打不着左眼下眼皮。

[一条裤子八条缝]

一条裤子八条缝，
横缝上面有竖缝，
缝了横缝缝竖缝，
缝了竖缝缝横缝。

[费和会]

手艺学不会，
材料用得贵，
正是会的不费，
费得不会。

[奋发商店卖混纺]

奋发商店卖混纺，
有红混纺、黄混纺、粉红混纺、花混纺，
纷繁的混纺让大娘着了慌。
仿佛进了混纺的大世界，
眼也花，手也忙。
吩咐女儿快快挑混纺。

[打枣歌]

出东门过大桥，
大桥底下一树枣，
青的多，红的少，
拎着杆子去打枣，
一个枣子，两个枣子，
三个枣子，四个枣子，
五个枣子，六个枣子，
七个枣子，八个枣子，
九个枣子，十个枣子，
十个枣子，九个枣子，
八个枣子，七个枣子，
六个枣子，五个枣子，
四个枣子，三个枣子，

两个枣子，一个枣子，
这是一段绕口令，
一口气说下来才算好。

[搭房子]

红红的好朋友蓝蓝会搭红房子，
蓝蓝的好朋友红红会搭蓝房子。
会搭红房子的蓝蓝，
愿帮会搭蓝房子的红红搭红房子，
会搭蓝房子的红红，
愿帮会搭红房子的蓝蓝搭蓝房子。

[防近视]

史小石，学写字，
脸贴书本眼斜视，
歪歪扭扭字碰字。
司老师，教小石，
端正姿势身坐直；
离纸一尺防近视，
爱护眼睛要坚持。

[养鱼]

大渠养大鱼不养小鱼，
小渠养小鱼不养大鱼。
一天天下雨，
下了一天雨。
大渠水流进小渠，
小渠水流进大渠。
大渠里有了小鱼不见大鱼，
小渠里有了大鱼不见小鱼。

[踢毽子]

小燕子踢毽子，
小建子数毽子，
毽子上，毽子下，
毽子上上又下下，

累坏了数数的小建子，
乐坏了踢毽子的小燕子。

[花青蛙]

花青蛙，叫呱呱，西瓜地里看西瓜，
西瓜夸青蛙背背花，青蛙夸西瓜长得大。

[四十四个字词]

四十四个字和词，组成了一首字词丝的绕口词，桃子、李子、梨子、栗子、橘子、柿子、榛子，载满院子、村子和寨子。刀子、斧子、锯子、凿子、锤子、刨子、尺子，做出桌子、椅子、凳子、柜子和箱子。名词、动词、数词、代词、副词、助词、连词，造成语词、诗词和唱词。蚕丝、生丝、熟丝、缫丝、染丝、晒丝、纺丝、织丝，自制粗丝、细丝、人造丝。

[雪的天]

雪的天，雪的地，雪的山，雪的河，风雪里扎根，风雪里生活，风雪里屹立着我们的哨所。风雪里站岗，风雪里巡逻，风雪里回荡着我们的战歌。风雪里战斗，风雪里成长，我们像青松一棵棵。我们是人民的子弟兵，我们是伟大祖国的保卫者，我们受十三亿人民的重托，紧握手中钢枪，常备不懈，保卫着祖国的万里山河，祖国的每寸土地，都要用战斗保卫，人民的一草一木，连着我们的脉搏。放心吧！亲爱的祖国，我们时刻准备着打击侵略者！

[小男孩儿和小女孩儿]

有个小男孩儿，穿件蓝小褂儿，拿着小竹篮儿，装着年糕和镰刀。有个小女孩儿，穿件绿花儿裙儿，梳着俩小辫儿，拉着一头老奶牛。俩人儿手拉手儿，唱着快乐的牧牛歌儿，拉着牛，拿着篮儿，溜溜达达向前走。走到柳林边，拴上牛，放下篮儿，拿出了年糕和镰刀，吃了甜年糕，拿起小镰刀，提着竹篮儿去割草。割了一篮儿一篮儿嫩绿嫩绿的好青草，欢欢喜喜地喂饱了那条老奶牛。

[报花名]

有君子兰、广玉兰，米兰、剑兰、凤展兰。白兰花、百合花，茶花、桂花、喇叭花。长寿花、芍药花，芙蓉花、丁香花。扶郎花、蔷薇花，桃花、樱花、金钟花。花中之王牡丹花，花中皇后月季花。凌波仙子水仙花，月下公主是昙花。清新淡雅吊兰花，浪漫多彩杜鹃花。芳香四溢茉莉花，金钟倒挂灯笼花。一花先开的金盏花，二度梅，三莲花。四季海棠，四季花，五彩梅，五彩的花。六月雪开的是白花，七星花是个大瓣花。八宝花是吉祥的花，九月菊是仲秋花。日月红、百兰花，千日红本是变色花。万年青看青不看花。

[满天星]

天上看，满天星。地上看，有个坑。坑里看，有盘冰。坑外长着一老松，松上落着一架鹰，鹰下坐着一老僧。僧前点着一盏灯，灯前搁着一部经，墙上钉着一根钉，钉上挂着一张弓。说刮风，就刮风，刮得那男女老少难把眼睛睁。刮乱了天上的星，刮平了地下的坑，刮化了坑里的冰，刮断了坑外的松，刮飞了松上的鹰，刮走了鹰下的僧，刮灭了僧前的灯，刮乱了墙上的钉，刮翻了钉上的弓。只刮得：星散，坑平，冰化，松倒，鹰飞，僧走，灯灭，经乱，钉掉，弓翻的一个绕口令。

[望夜空]

望夜空，满天星，光闪闪，亮晶晶。好像那，小银灯，大大小小，密密麻麻，闪闪烁烁，数也数不清。仔细看，看分明，原来那群星分了星座还起了名。按亮度，分了等：一等，二等，三等，四等，五等，六等，一共分六等。谁最亮，是一等，谁最暗是六等。一等到六等，总共不过六千九百多颗是恒星，还能看见那大行星和卫星，小行星和彗星。更有那无数无名点点繁星看不清，要想看清它，请你借助现代化的天文望远镜。

[喇嘛和哑巴]

打南边来了个喇嘛，手里提拉着五斤鳎（tǎ）目。打北边来了个哑巴，腰里别着个喇叭。

南边提拉着鳎目的喇嘛要拿鳎目换北边别喇叭哑巴的喇叭。

哑巴不愿意拿喇叭换喇嘛的鳎目，喇嘛非要换别喇叭哑巴的喇叭。

喇嘛抡起鳎目抽了别喇叭哑巴一鳎目，哑巴摘下喇叭打了提拉着鳎目的喇嘛一喇叭。也不知是提拉着鳎目的喇嘛抽了别喇叭哑巴一鳎目，还是别喇叭哑巴打了提拉着鳎目的喇嘛一喇叭。

喇嘛炖鳎目，哑巴嘀嘀嗒嗒吹喇叭。

[买斧子]

大虎子和小虎子，走进卖斧子的铺子买斧子。大虎子向胡师傅买大斧子，胡师傅把大斧子错听成小斧子，拿了把小斧子给大虎子；小虎子向胡师傅买小斧子，胡师傅把小斧子错听成大斧子，拿了把大斧子给小虎子。大虎子不要小斧子要大斧子，胡师傅把给小虎子的大斧子换给大虎子；小虎子不要大斧子要小斧子，胡师傅把给大虎子的小斧子换给小虎子。大虎子接过胡师傅的大斧子付钱买下大斧子，小虎子接过胡师傅的小斧子付钱买下小斧子。大小两个虎子拿着大小两把斧子走出卖斧子的铺子，大虎子左手拿着大斧子右手搀着小虎子，小虎子右手拿着小斧子左手拉着大虎子。

[小牛赔油]

小牛放学去打球，踢倒老刘一瓶油，小牛回家取来油，向老刘道歉又赔油，老刘不要小牛还油，小牛硬要把油还给老刘，老刘夸小牛，小牛直摇头，你猜老刘让小牛还油，还是不让小牛还油。

[蓝教练是女教练]

吕教练是男教练，蓝教练不是男教练，吕教练不是女教练。蓝南是男篮主力，吕楠是女篮主力，吕教练在男篮训练蓝南，蓝教练在女篮训练吕楠。

[河边有棵弯弯柳]

柳下有个刘妞妞。风吹杨柳柳招手，妞妞伸手攀垂柳，编成六个柳篓篓，三只送给突击手。两只送给好朋友，最后一只妞妞留。收割时节田头走，一边走，一边瞅，捡稻穗，拾豆豆。装进亲手编的柳篓篓；一篓两篓三篓篓，四篓五篓六篓篓，增产节约夺丰收。

[十道黑]

一道黑，两道黑，三四五六七道黑，八道九道十道黑。我买了一个烟袋乌木杆儿，我是掐着它的两头那么一道黑。二兄弟描眉来演戏，瞧看它的镜子那么两道黑。粉皮墙上写川字，横瞧竖瞧三道黑。象牙桌子，乌木腿儿，放在炕上，那么四道黑。我买了一只母鸡不下蛋，把它搁在那笼子里捂到(五道)黑。挺好的骡子不吃草，把它牵着在那街上遛到(六道)黑。买了一只小驴不套磨，让它背上它的鞍韂骑到(七道)黑。二姑娘南洼去割菜，丢了它的镰刀拔到(八道)黑。王大嫂的小孩儿得了病，团几个艾球灸到(九道)黑。卖瓜子儿的打瞌睡，哗啦啦地撒了这么一大堆，他的扫帚簸箕不凑手，那么一个儿一个儿地拾到(十道)黑。

第二部分　诗　　词

[赠汪伦·李白]

李白乘舟将欲行，忽闻岸上踏歌声。
桃花潭水深千尺，不及汪伦送我情！

[陋室铭·刘禹锡]

山不在高，有仙则名；水不在深，有龙则灵。斯是陋室，惟吾德馨。苔痕上阶绿，草色入帘青。谈笑有鸿儒，往来无白丁。可以调素琴，阅金经。无丝竹之乱耳，无案牍之劳形。南阳诸葛庐，西蜀子云亭。孔子云："何陋之有？"

[花非花·白居易]

花非花，雾非雾，夜半来，天明去。
来如春梦几多时？去似朝云无觅处。

[送友人·李白]

青山横北郭，白水绕东城。
此地一为别，孤蓬万里征。
浮云游子意，落日故人情。
挥手自兹去，萧萧班马鸣。

[鹿柴·王维]

空山不见人，但闻人语响。
返景入深林，复照青苔上。

[送别·王维]

下马饮君酒，问君何所之。
君言不得意，归卧南山陲。
但去莫复问，白云无尽时。

[大风歌·刘邦]

大风起兮云飞扬，
威家海内兮归故乡。
安得猛士兮守四方？

[无题·李商隐]

相见时难别亦难，东风无力百花残。
春蚕到死丝方尽，蜡炬成灰泪始干。
晓镜但愁云鬓改，夜吟应觉月光寒。
蓬山此去无多路，青鸟殷勤为探看。

[山居秋暝·王维]

空山新雨后，天气晚来秋。
明月松间照，清泉石上流。
竹喧归浣女，莲动下渔舟。
随意春芳歇，王孙自可留。

[雀仙桥·秦观]

纤云弄巧，飞星传恨，银汉迢迢暗度。
金风玉露一相逢，便胜却人间无数。

柔情似水，佳期如梦，忍顾鹊桥归路。
两情若是久长时，又岂在朝朝暮暮。

[卜算子·毛泽东]

风雨送春归，飞雪迎春到。
已是悬崖百丈冰，犹有花枝俏。
俏也不争春，只把春来报。
待到山花烂漫时，她在丛中笑。

[游子吟·孟郊]

慈母手中线，游子身上衣。
临行密密缝，意恐迟迟归。
谁言寸草心，报得三春晖。

[登幽州台歌·陈子昂]

前不见古人，后不见来者。
念天地之悠悠，独怆然而涕下。

[渔歌子·张志和]

西塞山前白鹭飞，
桃花流水鳜鱼肥。
青箬笠，绿蓑衣，
斜风细雨不须归。

[虞美人·李煜]

春花秋月何时了？
往事知多少。
小楼昨夜又东风，
故国不堪回首月明中。
雕栏玉砌应犹在，
只是朱颜改。
问君能有几多愁，
恰似一江春水向东流。

[望岳·杜甫]

岱宗夫如何，齐鲁青未了。

造化钟神秀，阴阳割昏晓。
荡胸生曾云，决眦入归鸟。
会当凌绝顶，一览众山小。

[一剪梅·李清照]

红藕香残玉簟秋。
轻解罗裳，独上兰舟。
云中谁寄锦书来？
雁字回时，月满西楼。
花自飘零水自流。
一种相思，两处闲愁。
此情无计可消除，
才下眉头，却上心头。

[水调歌头·苏轼]

丙辰中秋，欢饮达旦，大醉，作此篇，兼怀子由。

明月几时有？把酒问青天。不知天上宫阙，今夕是何年。我欲乘风归去，又恐琼楼玉宇，高处不胜寒。起舞弄清影，何似在人间。

转朱阁，低绮户，照无眠。不应有恨，何事长向别时圆？人有悲欢离合，月有阴晴圆缺，此事古难全，但愿人长久，千里共婵娟。

[短歌行·曹操]

对酒当歌，人生几何！
譬如朝露，去日苦多。
慨当以慷，忧思难忘。
何以解忧？唯有杜康。
青青子衿，悠悠我心。
但为君故，沉吟至今。
呦呦鹿鸣，食野之苹。
我有嘉宾，鼓瑟吹笙。
明明如月，何时可掇？
忧从中来，不可断绝。
越陌度阡，枉用相存。
契阔谈宴，心念旧恩。
月明星稀，乌鹊南飞，
绕树三匝，何枝可依？

山不厌高,海不厌深。
周公吐哺,天下归心。

[你是人间的四月天·林徽因]

我说你是人间的四月天;
笑响点亮了四面风;
轻灵在春的光艳中交舞着变。
你是四月早天里的云烟,
黄昏吹着风的软,
星子在无意中闪,细雨点洒在花前。

那轻,那娉婷你是,
鲜妍百花的冠冕你戴着,
你是天真,庄严,你是夜夜的月圆。

雪化后那片鹅黄,你像;
新鲜初放芽的绿,你是;
柔嫩喜悦,水光浮动着你梦期待中白莲。

你是一树一树的花开,
是燕在梁间呢喃,——你是爱,是暖,
是希望,你是人间的四月天!

[教我如何不想她·刘半农]

天上飘着些微云,
地上吹着些微风。
啊!
微风吹动了我头发,
教我如何不想她?
月光恋爱着海洋,
海洋恋爱着月光。
啊!
这般蜜也似的银夜,
教我如何不想她?
水面落花慢慢流。
水底鱼儿慢慢游。

啊！
燕子你说些什么话？
教我如何不想她？
枯树在冷风里摇，
野火在暮色中烧。
啊！
西天还有些儿残霞，
教我如何不想她？

[雨巷·戴望舒]

撑着油纸伞，独自
彷徨在悠长，悠长
又寂寥的雨巷，
我希望逢着
一个丁香一样地
结着愁怨的姑娘。

她是有
丁香一样的颜色，
丁香一样的芬芳，
丁香一样的忧愁，
在雨中哀怨，
哀怨又彷徨；

她彷徨在这寂寥的雨巷
撑着油纸伞
像我一样，
像我一样地
默默彳亍着，
冷漠，凄清，又惆怅。

她默默地走近
走近，又投出
太息一般的眼光，
她飘过
像梦一般地，

像梦一般地凄婉迷茫。

像梦中飘过
一枝丁香地，
我身旁飘过这女郎；
她静默地远了，远了，
到了颓圮的篱墙，
走尽这雨巷。

在雨的哀曲里，
消了她的颜色，
散了她的芬芳，
消散了，甚至她的
太息般的眼光，
丁香般的惆怅。

撑着油纸伞，独自
彷徨在悠长，悠长
又寂寥的雨巷，
我希望飘过
一个丁香一样地
结着愁怨的姑娘。

[我爱这土地 · 艾青]

假如我是一只鸟，
我也应该用嘶哑的喉咙歌唱；
这被暴风雨所打击着的土地，
这永远汹涌着我们的悲愤的河流，
这无止息地吹刮着的激怒的风，
和那来自林间的无比温柔的黎明……
——然后我死了，
连羽毛也腐烂在土地里面。
为什么我的眼里常含泪水？
因为我对这土地爱得深沉……

[祖国啊，我亲爱的祖国 · 舒婷]

我是你河边上破旧的老水车，

数百年来纺着疲惫的歌；
我是你额上熏黑的矿灯，
照在你历史的隧洞里蜗行摸索；
我是干瘪的稻穗；是失修的路基；
是淤滩的驳船
把纤绳深深
勒进你的肩膊；
——祖国啊！

我是贫困，
我是悲哀。
我是你祖祖辈辈
痛苦的希望啊，
是“飞天”袖间
千百年未落到地面的花朵；
——祖国啊！

我是你簇新的理想，
刚从神话的蛛网里挣脱；
我是你雪被下古莲的胚芽；
我是你挂着眼泪的笑涡；
我是新刷出的雪白的起跑线；
是绯红的黎明，
正在喷薄；
——祖国啊！

我是你十亿分之一，
是你九百六十万平方的总和；
你以伤痕累累的乳房，
喂养了
迷惘的我、深思的我、沸腾的我；
那就从我的血肉之躯上
去取得
你的富饶、你的荣光、你的自由；
——祖国啊，

我亲爱的祖国!

[回答·北岛]

卑鄙是卑鄙者的通行证,
高尚是高尚者的墓志铭。
看吧,在那镀金的天空中,
飘满了死者弯曲的倒影。

冰川纪过去了,
为什么到处都是冰凌?
好望角发现了,
为什么死海里千帆相竞?

我来到这个世界上,
只带着纸、绳索和身影,
为了在审判之前,
宣读那些被判决了的声音。

告诉你吧,世界,
我——不——相——信!
纵使你脚下有一千名挑战者,
那就把我算作第一千零一名。

我不相信天使蓝的;
我不相信雷的回声;
我不相信梦是假的;
我不相信死无报应。

如果海洋注定要决堤,
就让所有的苦水都注入我心中;
如果陆地注定要上升,
就让人类重新选择生存的峰顶。

新的转机和闪闪星斗,
正在缀满没有遮拦的天空。
那是五千年的象形文字,

那是未来人们凝视的眼睛。

[乡愁·余光中]

小时候
乡愁是一枚小小的邮票
我在这头
母亲在那头

长大后
乡愁是一张窄窄的船票
我在这头
新娘在那头

后来啊
乡愁是一方矮矮的坟墓
我在外头
母亲在里头

而现在
乡愁是一湾浅浅的海峡
我在这头
大陆在那头

[青春·阿莱桑德雷]

你轻柔地来而复去，
从一条路
到另一条路。你出现，
而后又不见。
从一座桥到另一座桥。
——脚步短促，
欢乐的光辉已经黯淡。

青春也许是我，
正望着河边逝去，
在如镜的水面，你的行踪
流淌，消失。

第三部分　散　　文

[孝心无价·毕淑敏]

我不喜欢一个苦孩求学的故事。家庭十分困难,父亲逝去,弟妹嗷嗷待哺,可他大学毕业后,还要坚持读研究生,母亲只有去卖血……我以为那是一个自私的学子。求学的路很漫长,一生一世的事业,何必太在意几年蹉跎?况且这时间的分分秒秒都苦涩无比,需用母亲的鲜血灌溉!一个连母亲都无法挚爱的人,还能指望他会爱谁?把自己的利益放在至高无上位置的人,怎能成为为人类献身的大师?我也不喜欢父母重病在床,断然离去的游子,无论你有多少理由。地球离了谁都照样转动,不必将个人的力量夸大到不可思议的程度。在一位老人行将就木的时候,将他对人世间最后的期冀斩断,以绝望之心在寂寞中远行,那是对生命的大不敬。

我相信每一个赤诚忠厚的孩子,都曾在心底向父母许下"孝"的宏愿,相信来日方长,相信水到渠成,相信自己必有功成名就衣锦还乡的那一天,可以从容尽孝。

可惜人们忘了,忘了时间的残酷,忘了人生的短暂,忘了世上有永远无法报答的恩情,忘了生命本身有不堪一击的脆弱。

父母走了,带着对我们深深的挂念。父母走了,遗留给我们永无偿还的心情。你就永远无以言孝。

有一些事情,当我们年轻的时候,无法懂得。当我们懂得时候,已不再年轻。世上有些东西可以弥补,有些东西永无弥补。

"孝"是稍纵即逝的眷恋,"孝"是无法重现的幸福。"孝"是一失足成千古恨的往事,"孝"是生命与生命交接处的链条,一旦断裂,永无连接。

赶快为你的父母尽一份孝心。也许是一处豪宅,也许是一片砖瓦。也许是大洋彼岸的一只鸿雁,也许是近在咫尺的一个口信。也许是一顶纯黑的博士帽,也许是作业簿上的一个红五分。也许是一桌山珍海味,也许是一只野果一朵小花。也许是花团锦簇的盛世华衣,也许是一双洁净的旧鞋。也许是数以万计的金钱,也许只是含着体温的一枚硬币……但"孝"的天平上,它们等值。

只是,天下的儿女们,一定要抓紧啊!趁你父母健在的光阴。

[母爱]

故事发生在西部一个极度缺水的沙漠地区。这里,每人每天的饮水量只有三斤,这些水还得靠驻军从很远的地方运来。日常饮用、洗漱、洗菜、洗衣,包括喂牲口,全部依赖这三斤珍贵的水。人缺水不行,牲畜也一样。终于有一天,一头向来温顺的老牛挣脱了缰绳,闯到运水车必经过的公路旁。运水的军车来了,老牛迅速冲上公路,司机紧急刹车,停了下来。老牛立在车前,任凭司机怎么呵斥驱赶,它就是不肯挪动半步。五分钟过去了,双方仍然僵持着。运水的战士以前也碰到过牲口拦路索水的情形,但它们都不像这头牛这般倔强。人和牛就这么耗着，性急的司机反复按喇叭，可老牛仍然一动不动。

后来，牛的主人来了。恼羞成怒的主人扬起鞭子，狠狠地抽打瘦骨嶙峋的老牛。牛被打得哀哀叫唤，但还是不肯让开。它凄惨的叫声，和着沙漠里阴冷的风，显得分外悲壮。一旁的运水战士哭了，司机也哭了。最后，运水的战士说："就让我违反一次规定吧，我愿意接受一次处分。"他从水车上取出半盆水，放在牛面前。

出乎意料的是，老牛没有喝水，而是对着夕阳，仰天长哞，似乎在呼唤什么。不远的沙堆背后跑来一头小牛。老牛慈爱地看着小牛贪婪地喝完水，伸出舌头舔舔小牛的眼睛，小牛也舔舔老牛的眼睛。静默中，人们看到了母子眼中的泪水。没等主人吆喝，它们掉转头，在一片寂静无语中慢慢地往回走。

[樵夫与赫尔墨斯]

从前，有个樵夫在河边砍柴，不小心把斧子掉到河里，被河水冲走了。他坐在河岸上失声痛哭。赫尔墨斯正好路过，见他很可怜，在问明原因后，便下到河里，捞起一把金斧子来，问是否是他的，他说不是；接着赫尔墨斯又捞起一把银斧子来，问是不是他掉下去的，他仍说不是；赫尔墨斯第三次下去，捞起樵夫自己的斧子来时，樵夫说这才是自己所失掉的那一把。赫尔墨斯很赞赏樵夫为人诚实，便把金斧、银斧都作为礼物送给他。樵夫带着三把斧子回到家里，把事情的详细经过告诉了朋友们。其中有一个人十分眼红，决定也去碰碰运气，跑到河边，故意把自己的斧子丢到急流中，然后坐在那痛哭起来。赫尔墨斯来到他面前，问明了他痛哭的原因，便下河捞起一把金斧子来，问是不是他所丢失的。那人高兴地说："呀，正是，正是！"赫尔墨斯十分痛恨他的贪婪和不诚实，不但没赏给他那把金斧子，就连他自己的那把斧子也没给他。

这个故事说明，诚实的人会得到人们的帮助，狡诈的人必遭到人们的唾弃。

[孤独与奋斗（改编自《老人与海》）· 海明威]

女：那老人再一次扛起他的桨，朝海边走去。

男：已经 85 天了，一条鱼都没打到，我好像已经老了，开始背运了，可是我的胳膊倒还是有着劲的。

女：他慢慢地升起那张补过的旧帆，那帆看上去就像一面永不失败的旗帜。

男：太阳升起来了，耀眼的阳光已经把我的眼睛刺痛了一辈子，我感到我有点力不从心了，可年轻的时候我曾经是个好的水手啊！

女：船划得久了，汗珠从脊背上一滴滴地流淌下来，老人想……

男：我可以任船漂流，打一个盹儿或系个绳扣，把鱼绳拴在脚趾上。

女：他没有那样做，他相信，那条大鱼就藏在附近的什么地方。不知过了多久，老人发现那绿色浮杆急速地往水里沉去，他拉了拉鱼绳，感到了沉重的分量。

男：我钩住的是一条什么样的鱼呀！我还从来没有见过有这么大劲儿的呢，它只要一跳，或向前一蹿，会要了我的命。

女：老人全身心地投入地等待着他和那条大鱼最后的搏斗，他想他这辈子再也不会遇到这么大的鱼了，他要最后再赢一次。太阳落下去了，夜晚来临，那鱼拖着他的小船在海上游了一夜，他没想到等待一场搏斗需要那么长的时间。

男：我已经感到了你的力量，让我们面对面地斗一斗吧，我们谁也没有帮手，这很公平。来吧，我早已做好了准备，我不会后悔，死在一条金枪鱼的手里。

女：夜幕再次降临，老人精疲力尽。

男：它不会有那么大，不会的！

女：它就是那么大，大得出乎老人的意料。

男：我只有一次机会，这是生死决斗，不是我叉死它，就是它撕碎我！

女：老人觉得自己快要撑不住了，他用绵软的双手努力握紧他的鱼叉，将鱼叉举过头顶，他把鱼叉举到了不可能再高的高度。

男：来吧！冲着这儿来吧！让我们来做临死前的最后一次决斗吧。我老了，没什么力气了，我跟你磨了三天，我等了你一辈子了，老兄，我这从来没见过比你更大更美更沉着的鱼呢。来吧，让我们来看看究竟谁杀死谁！！

女：那条大鱼挣扎着向老人的小船游过来，老人拼尽他最后的生命将鱼叉扎入了大鱼的胸鳍后面的鱼腰里，那鳍停在空中高过老人的胸膛。老人扎中了大鱼的心脏，那鱼生气勃勃地做了最后一次挣扎，而后"咕隆"一声落入水中。啊……老人赢了，他战胜了自己，战胜了那条大鱼，他没发现一群无所畏惧的鲨鱼正嗅着血迹向这里涌来。

男：你们这群厚颜无耻的家伙，真会选择时机，但我不怕他们，不怕你们。人并不是生来就要给你们打败的，你可以消灭他，可就是打不败他，你们打不败他！

女：成群结队的鲨鱼向船边的大鱼发起猛攻，那撕咬鱼肉的声音，使老人再一次站立起来，他决心捍卫自己的战利品，就像捍卫他的荣誉。当老人终于回到他出海的那个港口，天空第三次黑暗下来。

男：人并不是生来就给人打败的，你可以消灭他，可就是打不败他，打不败他。

女：老人在船上睡着了，他梦见年轻时候的非洲，他梦见了狮子。

参考文献

［1］ 黄伯荣，廖绪东．现代汉语［M］．6 版．北京：高等教育出版社，2017．

［2］ 国家语委普通话与文字应用培训测试中心．普通话水平测试实施纲要：2021 年版［M］．北京：语文出版社，2024．

［3］ 上海市语言文字水平测试中心．普通话水平测试指导用书［M］．上海：立信会计出版社，2011．

［4］ 李继军．普通话水平测试与训练教程［M］．上海：上海交通大学出版，2021．

［5］ 普通话水平测试研究中心．普通话水平测试专用教材［M］．北京：北京燕山出版社，2016．

［6］ 王俊．普通话水平测试与培训教程［M］．南昌：江西高校出版社，2022．